Sandra von Zabiensky

# Tantra – Der Weg des mutigen Herzens

# Tantra – Der Weg des mutigen Herzens

IRISIANA

**Für all die Frauen, die ich auf meinem Weg getroffen habe.**

**For Arnaud, who inspires me to live fiercely feminine.**

Und für dich, liebe Leserin.
Ich sehe dich.
Ich sehe dein Potenzial.
Ich sehe deine Schönheit.
Ich sehe dein mutiges Herz.

Encouraging someone
to be entirely themselves is the
loudest way to love them.

**Kalen Dion**

# Inhalt

# Welcome Home

Dieses Buch ist meine persönliche Schatzkarte, die ich in den letzten Jahren eigenhändig und in Hunderten von Stunden gemalt habe. Ich habe Wege eingezeichnet, dann doch wieder gestrichen, und Landschaften immer wieder neu kartiert. Diese Schatzkarte ist gewachsen, detaillierter geworden, der Weg immer klarer eingezeichnet. Und sie hat mich zu etwas geführt, wohin ich dich mitnehmen möchte.

Es ist ein Ort voller Freiheit, Sinnlichkeit und Liebe.

Es ist ein Ort, an dem selbst die Traurigkeit in dunkelblauen Samt gekleidet ist und die Freude in flirrende Sonnenstrahlenfunken.

Es ist ein ganzer Kontinent, auf dem du unendlich viel Neues entdecken wirst, etwa wie es sich anfühlt, Moleküle zu verschieben, von der Luft geliebt zu werden oder mit Fürsorge deine Angst zu umarmen. Es ist ein Land der Freiheit, in dem Wunder täglich geschehen.

**Es ist das Land, in dem Milch und Honig fließen.
Und dieses Land – das liegt in dir.**

Einleitung

# Dein Weg zu einer sinnlichen, selbstbestimmten und freien Weiblichkeit

She is clothed in strength and dignity
and laughs without fear of the future.

**Die Sprüche Salomos, 31,25**

# Der Weg zu Fülle und Liebe

Ich hörte das Surren der Tätowiernadel hohl in meinem Körper widerhallen: ein tssss und ein tcktcktcktck. Ich verzog leicht den Mund. Überdeutlich fühlte ich den piksenden Schmerz auf meinem Brustbein, auf dem mein Muay-Thai-Kumpel Dennis mich gerade tätowierte. Wo zuvor nur ein nackter Diamant zwischen meinen Brüsten geprangt hatte, wand sich nun eine geöffnete Pfingstrose, die für mich für meine Entfaltung als Frau stand, und darunter die Zahlen 31:25. Für mich hatten sie eine besondere Bedeutung. Die Zahlen kennzeichnen die Stelle in der Bibel, an der der Satz steht, der mich damals so elektrisiert hat, dass er als Zeichen und Kompass auf meine Haut über dem Herzen musste: »She is clothed in strength an dignity and laughs without fear of the future«, oder auf Deutsch: »Sie ist gekleidet in Stärke und Würde und lacht ohne jede Angst vor der Zukunft.« Ich sah diese Frau vor mir: wie sie in sich ruhend und aufrecht geradeheraus aus vollem Herzen lacht. Wie stark sie ist und gleichzeitig feminin, wie frei und voller Würde. Ich hatte sie so klar vor Augen, sie tanzte in einem langen, dunklen Kleid am Strand, und alles an ihr strahlte Ruhe aus. Spoiler: Diese Frau war ich nicht, als die Tätowiernadel die Zahlen in meine Haut ritzte.

## Eine Vision wird Wirklichkeit

Jahre später sollte ich ein Fotoshooting machen. Es war am Strand an der französischen Atlantikküste. Frühmorgens streifte ich mir das nachtblaue Kleid über, sprang und wand mich in der Luft und war eins: mit der Juniluft. Der Samtigkeit des Morgens. Dem Rauschen des Meeres, dessen Schaum meine nackten Füße kitzelte. Ich war frisch verliebt, hatte gerade beschlossen, mein altes Leben gegen ein neues in Frankreich zu tauschen, und fühlte mich so klar, so stark, so frei und so sinnlich wie nie zuvor in meinem Leben. Als ich mir später die Fotos von diesem Tag ansah, wurde mir bewusst: Da war sie, die Frau aus meiner Vision, die so frei tanzte, in sich ruhend, voll femininer Kraft. Die Fotos zeigten mir das, was ich Jahre zuvor vor meinem inneren Auge gesehen hatte.

Die Reise dahin war nicht immer einfach, aber ich möchte keine Sekunde missen. Ich bin durch die tiefsten Täler gegangen, habe so viel geweint, dass ich überzeugt war, sämtliche Wasserreserven meines Körpers aufgebraucht zu haben. Ich habe auf dieser Reise meinen

Körper neu entdeckt und die Welt mit Sinnlichkeit bunter gemalt. Ich habe mich selbst wie eine Zwiebel Schale um Schale gehäutet, bis ich den Kern meines Seins fand. Diesen Kern habe ich gepflanzt und durfte zusehen, wie daraus ein Baum wurde, der jetzt Früchte trägt. Ich kann es manchmal immer noch nicht fassen, dass jetzt so tief und unverrückbar in mir eine solche Zufriedenheit, eine lächelnde Stille und so viel Liebe wohnen.

## Unsere gemeinsame Reise: Von Göttinnen, Tantra und Feminine Awakening

Dieses Buch ist keine Abhandlung über tantrische Prinzipien und versteht sich auch nicht als generelle Einführung in den Tantrismus mit fundiertem wissenschaftlichem Background. Dieses Buch ist die sehr persönliche Schilderung meiner Reise. Es ist ein Handbuch für eine transformierende, aber auch sinnliche Praxis, die dich nicht zu irgendeiner von mir bestimmten Definition einer neuen Weiblichkeit führt. Es ist deine Weiblichkeit, deine Schönheit, deine Kreation, deine feminine Wildheit und Sanftheit, die du für dich mithilfe dieses Buches bestimmst.

Meinen Weg habe ich durch Tantra gefunden, eine jahrhundertealte spirituelle Tradition aus Indien. Mir haben die Praktiken, die Philosophie und die Weisheitsgöttinnen des Tantra geholfen, durch die verschiedenen Phasen zu gehen: von der Transformation über die radikale Selbstreflexion hin zu Sinnlichkeit, Eros und dem Leben von Fülle und Liebe. Ich habe auf meiner eigenen Reise zunächst mit den originalen Praktiken gearbeitet, die ich bei verschiedenen Lehrerinnen und Lehrern gelernt habe. Danach folgte eine Phase, in der ich mich gefragt habe, was das alles für mich bedeutet. Wie erfahre ich die Prinzipien des Tantra in meinem Alltag? Wie lebe ich es heute, als moderne, erwachsene Frau im 21. Jahrhundert? Wie verbinde ich mich mit der Weltsicht?

Herausgekommen sind mein Feminine Awakening, mein ganz persönliches weibliches Erwachen, und tantrische Übungen, die ich erweitert habe, Prinzipien, die ich mit selbst entwickelten Techniken oder Übungen aus ganz anderen Feldern erkundet habe. Daher findest du in diesem Buch einen Mix aus Originalpraktiken, tantrisch inspirierten Meditationen und Visualisierungen einer Göttin. Darüber hinaus gibt es aber eben auch tiefergehende Reflexionsfragen sowie Übungen wie achtsames Porno-Schauen, die »Madame Macaron Map of Pleasure«, eine Landkarte deiner Lust, und Milk&Honey Yoga®, eine Yogapraxis zum Halten deiner Emotionen. Alle Meditationen in diesem Buch habe ich zusätzlich als Audiodateien aufgenommen, sie stehen kostenfrei auf meiner Seite www.house-of-grace.de zur Verfügung.

### Von Frau zu Frau, Mann oder nicht-binär

Dieses Buch ist aus meiner Perspektive, also der einer heterosexuellen Frau, geschrieben. Falls du dich als Mann oder nicht-binär identifizierst und nicht heterosexuell liebst, ist das natürlich kein Problem. Ich bin mir sicher, dass du dennoch Anregungen finden wirst.

Dieses Buch ist ein sehr persönlicher Praxisleitfaden, und deshalb führe ich auch viele Beispiele aus meinem eigenen Leben an. Da jeder seine ganz individuelle Mischung an Traumata und Prägungen mitbringt, stellte eine der größten Herausforderungen für mich der Bereich der Liebesbeziehungen dar – meine Beispiele stammen überwiegend aus dem heterosexuellen Liebes- und Datingleben. Damit möchte ich jedoch niemanden ausschließen, es ist einfach nur mein Erfahrungskontext.

### Moderne Spiritualität

Dieses Buch basiert auf Tantra und einigen Göttinnen aus dem Tantra. Mir hat es unglaublich auf meinem Weg geholfen, aber ich verstehe, wenn sich manche Dinge für dich zu abgedreht anhören. Lass dich davon bitte nicht abschrecken! Ich gebe dir immer auch die Möglichkeit, dich einfach mit den Attributen der jeweiligen Göttin zu verbinden, sie als Archetyp zu sehen. Wenn du aber mit Gottheiten und Co. kein Problem hast, kannst du auch »all in« gehen und mit dem Bewusstsein praktizieren, dass die Göttinnen im Tantra reale Wesenheiten sind. Grundsätzlich widerstrebt es mir, etwas als ultimative Wahrheit zu verkaufen, und das ist auch Tantra nicht. Es ist ein Versuch, uns die Welt zu erklären – mit sehr modernen, sinnlichen und lebensbejahenden Ansätzen, die uns helfen können, Freiheit, innere Sicherheit und Zufriedenheit fest in uns zu verankern. Fühle dich also nicht gezwungen, alles annehmen zu müssen. Vielleicht stimmst du einigem zu, anderem nicht. Das ist absolut okay und tut deiner Reise keinen Abbruch.

### Häppchenweise, von hinten oder einmal sofort alles?

Die Kapitel in diesem Buch bauen aufeinander auf. Am Anfang erzähle ich dir, was meine Ausgangssituation war, welche Grundprinzipien es im Tantra gibt und wie es mir geholfen hat. Danach geht es an deine eigene Praxis, beginnend mit der Transformation.

Ja, ich weiß: Der Transformationspart hört sich erst einmal nicht so verlockend an, und du würdest am liebsten gleich zur sexy Sinnlichkeit kommen. Aber vertraue mir, auch in dem herausfordernden Kapitel liegt so viel Schönes: Du lernst beispielsweise, wie du deine Ängste so umsorgen kannst, dass sie deine Freunde werden, und du findest heraus, was für dich wirklich zählt im Leben. Es ergibt also Sinn, von vorn zu beginnen, aber natürlich kannst du bei Neugierde auch schon einmal vorblättern und schauen, was dich erwartet.

Es gibt einige Aufgaben, in denen du für dich selbst mittels Schreiben reflektierst, daher habe gern ein Journal oder ein paar Blatt Papier parat. Natürlich kannst du die Fragen aber auch nur im Kopf beantworten.

Einige Zitate, die du in diesem Buch liest, habe ich selbst vom Englischen ins Deutsche übersetzt, um die Kernaussagen verständlicher zu machen. Natürlich sind alle Bücher, aus denen ich zitiere, und generell die Literatur, die ich für dieses Buch genutzt habe, für dich im Literaturverzeichnis zu finden.

Ich freue mich außerdem sehr, wenn du dieses Buch als Praxisbuch nutzt und es schön vollkritzelst, Eselsohren in die Seiten machst und Stellen unterstreichst. So wird das Buch lebendig und bekommt deine ganz eigene Note. Tantra ist für Menschen gemacht, die mitten im Leben stehen, und dieses Buch ist es ebenfalls.

Und nun, du mutiges Herz, möchte ich dich an die Hand nehmen und dir die Tür öffnen, um gemeinsam mit dir auf diesem tantrischen Weg der Freiheit den ersten Schritt zu machen. Es gibt so viel zu entdecken, so viele Geschichten zu erzählen, und ich kann es kaum erwarten, sie mit dir zu teilen.

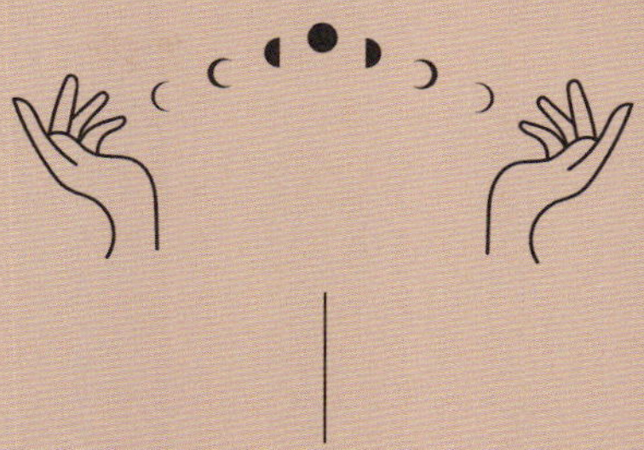

# Die Alchemie des Herzens – meine Geschichte

What's the greatest lesson a woman
should learn? That since day one, she's
already had everything she needs within herself.
It's the world that convinced her she did not.

**Rupi Kaur, Milk and Honey**

# Der Weg zu mir selbst

In dem Augenblick, in dem ich diese Zeilen schreibe, sitze ich in meinem Arbeitszimmer in Biarritz. Die köstlichste Schokolade der Welt von der feinen Patisserie Henriet in der Nähe der Grande Plage wartet für meine Schreibpause in der Schublade auf mich. Ich habe leise Klaviermusik in den Ohren. Mit dem Schreiben des Buches verwirklicht sich für mich gerade ein Lebenstraum: Ich wollte schon als kleines Kind Autorin werden. Mein Arbeitszimmer ist mit inspirierenden Fotos, Kristallen und Göttinnenbildern geschmückt, ein kleiner Liebesbrief hängt direkt neben meinem Computer. Apropos Liebe: Diese schreibt zwei Zimmer weiter, und ich freue mich schon auf den Moment des Tages, ab dem wir l'amour feiern. Ein kleiner Hund schnarcht gemütlich zu meinen Füßen.

Alles, wirklich alles in diesem Moment ist Schönheit. Die Sinnlichkeit der französischen Luft. Die Wärme der Sonne. Das leise Klackern der Tastatur. Die Weichheit in meinem Herzen, das sich golden anfühlt, als ob eine flauschige Decke aus flüssigem Honig es sicher und geborgen umhüllt. Bevor du jetzt aber denkst: »Hau mir ab – schon wieder so eine Eso-Eule mit einem angeblich perfekten Leben, die mir sagen möchte, wo es langgeht«, lass mich dir sagen: Das bin ich nicht, und deshalb möchte ich dir kurz erklären, woher ich komme. Denn das oben beschriebene Herz war nicht immer so leuchtend. Ganz im Gegenteil.

## Das harte Herz

Ich erinnere mich sehr genau daran, wie ich es bewusst mit 18 zu Stein gemacht habe. Ich saß in der Aula der Schule, zuvor haben wir ein Theaterstück geprobt. Ich spielte die Ilse in Wedekinds Frühlings Erwachen, und neben den üblichen Teenagerproblemen stürmte es in mir gewaltig. Der Tod, auch in Wedekinds Stück präsent, erschien mir manchmal gar nicht so unattraktiv. Ich liebte das Theater, aber sehr viel weniger mein Leben an sich. Ich hatte das Gefühl, Leben bedeutet zu kämpfen, verletzt zu werden und zu verlieren. Wie so viele Frauen in unserer heutigen Zeit hatte ich bis dahin Mobbing, sexuelle Übergriffe, Trennungen und Wieder-Zusammenkommen meiner Eltern sowie vieles mehr erlebt. Ich entwickelte Zwangshandlungen, Abhängigkeiten, ein gestörtes Verhältnis zur Sexualität, Dissoziationen, die mich in bedrohlichen Situationen von meinem Körper lösten. Tiefliegende Gefühle von geringem Selbstwert, Abweisung, Scham und eine grundlegende Angst waren die bestimmenden Faktoren. Ich flüchtete vor meiner Umwelt mit Binge Eating oder vergrub mich in meine Bücher. Ich hatte damals keine echten Freunde, verstand es aber, mich in Gruppen einzuschleusen. Mein erster Freund hatte gerade die Beziehung zu mir beendet. Meine Eltern erwogen eine erneute Trennung, mein Vater zog aus. Meine kleine Schwester wirkte verloren und zog sich zurück.

Mit all dem saß ich an diesem Tag am Rand der Bühne und wurde ganz still. Ich roch den leicht modrigen Geruch der alten Mauern. Lauschte der Stille und der Einsamkeit in der riesigen alten Aula der Schule. Ich erinnere mich so deutlich, als wäre es gestern gewesen, so intensiv war der Augenblick. Eine Stimme in mir sagte: »Sandra. Entweder du machst dich jetzt ganz hart und wirst stark. Oder du zerbrichst.« Und verdammt, ich wurde hart. Mit einem Herz aus Stein und eisernem Willen.

In den folgenden Jahren schloss ich mein Studium in Wirtschaftspolitik, Öffentlichem Recht und Rechtssoziologie mit summa cum laude an der Universität ab. Ich baute mit 28 gemeinsam mit meiner Mitgesellschafterin meine erste eigene Firma auf. Meine Härte und der brennende Ehrgeiz ließen mich nicht ruhen, sondern waren ein innerliches Feuer, das mich manchmal gefühlt sogar verbrannte. Ich weiß noch, wie ich einer Freundin sagte: »Ich wünschte, dieses innere Brennen würde endlich aufhören. Ich kann nicht mehr, aber ich muss weiterarbeiten, ich kann nicht anders.« Der Ehrgeiz erstreckte sich auch auf mein Aussehen. Ich hatte eine seltsam distanzierte Beziehung zu meinem Körper. Erst heute weiß ich, dass ich diesen nie wirklich gefühlt habe. Ich sah ihn als Instrument. Meinen Anblick im Spiegel oder auf Fotos konnte ich kaum ertragen. So machte ich jahrelang weiter. Bis – ja, bis das harte Herz aus Stein zerbrach.

## Radikaler Umbruch: Single, keine Wohnung und eine Firma am Abgrund

Der Tag, an dem der Stein dem Druck nicht mehr standhalten konnte, war der Tag, an dem unsere Firma beinahe bankrottging. Um zu überleben, mussten wir fast alle Mitarbeiter und Mitarbeiterinnen entlassen. Ich fühlte mich so allein und wusste nicht mehr weiter: Meinen damaligen Mann hatte ich nach 15 Jahren verlassen, und mit ihm das gemeinsame Haus. Die Beziehung nach dem Ende der Ehe zerbrach ebenfalls. Da saß ich also: mit privaten Schulden, einer Firma am Rande des Abgrunds und gescheiterten Beziehungen, nicht wissend, ob ich es schaffen würde oder vielleicht in den kommenden Monaten Sozialhilfe beantragen müsste. Mein Leben wurde intensiv durchgerüttelt, war erneut Bedrohung und Versagen.

Yoga, das für mich damals eher Sport war, fing mich auf. Auf der Yogamatte gelang es mir, den Sturm der Emotionen zu beruhigen und ganz still werden. Von da an praktizierte ich täglich und begann kurz darauf die erste Ausbildung zur Yogalehrerin, weil ich mehr wissen wollte. Mit Yoga kam die Spiritualität: Ich sammelte die versprengten Steinbrocken meines Herzens auf und legte sie in einen Korb. Als kurz darauf Tantra in mein Leben trat, passierte etwas Wunderbares. Die Alchemie des Tantra verwandelte mich: Stein wurde zu Gold. Härte zu Weichheit und Resilienz. Angst zu Lebenslust. Verzweiflung zu Liebe. Scham und das Gefühl, im Grunde nicht liebenswert zu sein, verwandelten sich in Würde und Selbstfürsorge.

Tantra schenkte mir eine neue innere Struktur, die von Ehrlichkeit, Sinnlichkeit und der Anmut von Neugierde geprägt ist. Und deshalb gibt es dieses Buch. Weil die Dunkelheit in uns die Chance ist, freier, selbstbestimmter, mutiger und liebevoller leben zu können. Ich möchte dich mit diesem Buch ermutigen, die Geschenke des Tantra auszupacken; dir zeigen, wie es mich dazu inspiriert hat, mein Leben zu verändern, und wie es vielleicht auch dein Leben verzaubern kann. Lass uns damit beginnen, wie genau ich Tantra entdeckt habe und wie es mein Leben veränderte.

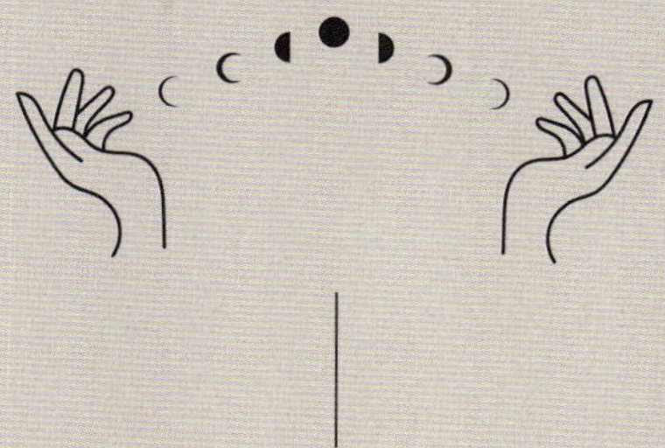

# Tantra – der Weg des mutigen Herzens

For my ally is the force. And a powerful ally it is. Life creates it, makes it grow. Its energy surrounds us and binds us.

**Yoda, Star Wars**

# Eine Enttäuschung und eine Neuentdeckung

*I offer salutations to the God and Goddesses: The infinite parents of the world. The Lover, out of boundless love, has become the Beloved. Because of Her, He exists. And without Him, She would not be.*

**Jnaneshwar Maharaj, The Nectar of Self-Awareness**

Meine erste Begegnung mit Tantra war eine riesengroße Enttäuschung. Zu dem Zeitpunkt war ich gerade frischgebackene Yogalehrerin mit einem Hang zu akrobatischen Posen und sexy Outfits und eher auf den körperlichen Effekt konzentriert. Ich war damals noch immer ziemlich in meinen Mustern gefangen, obwohl ich sie schon erkannte. Ich handelte in Triggersituationen immer gleich, wobei ich längst wusste, dass nicht das herauskommen würde, was ich mir wünschte. Ich konnte aber einfach nicht anders. Kennst du das vielleicht auch?

In dieser Zeit steckte ich außerdem in einer unglücklichen Affäre mit einem Mann, der Spiritualität und Yoga nach außen vertrat und im Rahmen seiner Tätigkeit alles anflirtete, was lebendig und weiblich war. Nicht gerade das, was ich mir als Partnerschaft wünschte: Ich wollte doch Sicherheit, ich wollte gesehen werden und ich wollte, dass man(n) sich klar zu mir bekennt! Damals sehr präsent war der Glaubenssatz, dass ich meinen Körper und meine Sexualität einsetzen muss, um einen Mann an mich zu binden. Ich dachte, vielleicht hilft eine exotisch-sinnliche Praxis, uns mehr in Verbindung zu bringen, und kam so auf Tantra.

## Sexy Time mit Tantra?

Ich recherchierte ein äußerst vielversprechendes Buch, ein umfassendes tantrisches Kompendium: Tantra Illuminated von Dr. Christopher Hareesh Wallis. Ich kaufte es, ohne die detaillierte Inhaltsangabe gelesen zu haben, und freute mich auf heiße Massagetechniken, sinnliche Erotik und sexy Liebesspiele. Zu früh gefreut. Seite um Seite ging es episch um Tantra als eine Art Religion, und ich war furchtbar enttäuscht – dieses Tantra war für mich, die vor Kurzem Yoga noch als esoterische Krankengymnastik definiert hatte, viel zu viel. Dabei ist das originale Tantra genau das nicht, wofür ich es hielt: Es ist keine sexuelle Praxis. Das, was wir häufig in Reportagen sehen, wenn sich Menschen spirituell mit ihrer Sexualität und Intimität beschäftigen, ist Neo-Tantra: eine wundervolle sinnliche Praxis, die aber tatsächlich im 20. Jahrhundert in den USA erfunden wurde. Pierre Bernard, der sich später »Oom the Omnipotent« nannte, studierte Hatha Yoga und Tantra, fokussierte sich dann aber auf sexuelle Praktiken. Aus diesen Wurzeln entstand das Neo-Tantra, das heute häufig mit Tantra gleichgesetzt wird.

## Wenn Tantra dich nicht mehr loslässt

Zurück zu meiner Entdeckungsgeschichte. Monate später tauchte Tantra dann wieder auf: im Rahmen meiner Anusara-Yoga-Ausbildung, einer Yogaart, die philosophisch unter anderem auf Tantra basiert und diese Themen auch in den Unterricht integriert. Ich hörte Begriffe wie »Shiva« und »Shakti« und dass das ganze Universum Energie ist. Im Gegensatz zur klassischen Yogaausbildung davor ging es in diesem Training nicht nur darum, im gedankenfreien Zustand in der Meditation zu verweilen, sondern auch mitten im Leben zu sein und den Körper als göttlichen Ausdruck, als Energie zu sehen. Das fand ich wunderschön, und meine Neugierde war geweckt.

Hoch motiviert kaufte ich die gesamte Literaturliste der Ausbildung auf einen Schlag, unter anderem das ausgesprochen dekorative Büchlein Vijnana Bhairava – Das göttliche Bewußtsein von Bettina Sharada Bäumer. Ich wollte so richtig loslegen – und scheiterte. Ich verstand kaum einen der verschwurbelten Sätze, es wimmelte von unverständlichen Sanskritbegriffen und ich langweilte mich so sehr beim Lesen, dass ich alle Bücher zum vor sich hin staubenden Tantra Illuminated stellte. Fast alle. Das göttliche Bewußtsein mit seiner hübschen goldenen Schrift auf weißem Papier legte ich gut sichtbar zum Angeben auf meinen Coffee Table. Ja, ich weiß, peinlich, oder? Aber ich war damals noch auf Show ausgerichtet, und es war mir unglaublich wichtig, Eindruck zu machen.

## Ein spektakulär unspektakulärer Rausch

Es verging wieder einige Zeit, bis etwas spektakulär Unspektakuläres passierte. Der Tag war so wenig besonders, dass ich nicht einmal mehr weiß, welcher Wochentag es war. Ich weiß nur noch, dass die Sonne auf den warmen Holzfußboden in meiner Wohnung schien und die Hunde zufrieden schnarchten. Es war eine sehr friedliche Atmosphäre, ein Moment, in dem man innehält, weil das Jetzt so sanft ist. Auf meinem Weg zur Küchenzeile machten meine Füße plötzlich wie von selbst einen Stopp vor besagtem dekorativem Buch. Ich konnte mir mit Staunen selbst dabei zusehen, wie meine Hände das Buch nahmen, und wie ferngesteuert verkrümelte ich mich in mein Bett. Ich begann zu lesen und konnte nicht mehr aufhören, so sehr nahm mich auf einmal das Vijnana Bhairava gefangen. Es war, als hätte mich eine Welle gepackt. Ich hatte keine andere Wahl, als im Sog des Buches mitzuschwimmen! Ich las wie eine Verrückte, buchte Trainings. Die

Audioseminare meines ersten tantrischen Lehrers, Christopher Wallis, liefen Tag und Nacht. Die Begriffe, die mich zuvor so verwirrt hatten, ergaben auf einmal Sinn, mehr noch, sie verwoben sich zu einer Art Wegweiser, wie man alle Schichten des Seins neu entdeckt, in dieses Sein eintaucht, es auf links dreht und dann in Freiheit sicher verweilt. Sie wurden zu einer Landkarte der inneren Freiheit und zu einer Anleitung, wie man das Leben selbst als Spiel aus Neugierde und Liebe begreift. Ich war wie im Rausch. Mit meiner intensiven Praxis wurde ich strahlender. Freier. Erfolgreicher im Yogabusiness. Und zunächst auch einmal ganz schön spirituell-arrogant.

### Die Entfaltung: Was Tantra mit dir machen kann

Wenn mich etwas begeistert, dann gebe ich mich ganz hinein, und das vor einigen Jahren auch noch ohne Rücksicht auf Verluste – das harte Herz eben. Das war häufig erfolgreich, ging aber auch oft auf Kosten anderer. Ich ließ keine anderen Wahrheiten zu und hielt dogmatisch an dem fest, was ich für wahr hielt. Dieses nicht so sympathische Muster konnte ich auch am Anfang meiner tantrischen Reise nicht ablegen. Ich begann, anderen genau zu erklären, was Tantra ist, gern auch denjenigen, die Tantra selbst schon einige Zeit studierten. Gleichzeitig machte sich aber auch etwas anderes breit: eine Neugierde, tiefer in die Materie einzutauchen. Es gab da ein Verlangen in mir, das ich noch nicht in Worte fassen konnte. Denn Tantra ist kein magischer Zaubertrank, mit dem du dich auf einmal happy und holy fühlst. Das ist weder erstrebenswert noch möglich, denn so ist das Leben mit seinen wundervollen Höhen und den Tiefen eben nicht. Aber Tantra kann dich an die Hand nehmen und in dir den Wunsch wecken, eine Freiheit zu erfahren, die von allen bisherigen Definitionen losgelöst ist und dir hilft, dir selbst in deinem gesamten Spektrum in der Tiefe zu begegnen.

### Radikale Ehrlichkeit

Ich begann, auf meinen Social-Media-Kanälen sehr ehrlich zu schreiben. Anstatt den nächsten Post mit einem Spiritual-Bullshit-Bingo-Satz wie: »Happiness is your birthright« zu versehen, schrieb ich über Probleme, über Traumata, über meine Tiefen und Höhen. Manchmal ohne Grenzen, wie das eben ist, wenn die Liebesbedürftigkeit noch nach außen gerichtet und nicht von dir selbst gestillt ist.

Mit fortschreitender Praxis wurde diese aber immer mehr nach innen gerichtet, bis ich mir selbst die Fragen stellte: Was ist wirklich wahr? Was sind meine geheimsten Wünsche und welche Bedürfnisse stecken dahinter? Welche Intention haben meine Handlungen tatsächlich? Ich begann, mich zurückzuziehen und mich mittels aller Werkzeuge, die ich bis dahin gelernt hatte, sowie mit radikaler Ehrlichkeit selbst zu befragen. Ich tauchte tief ein in meine Strukturen, in meine Ansichten und Verhaltensmuster.

### Coming Home: Genau richtig sein

Das Ergebnis kann ich heute manchmal nicht fassen: Ich kam gefühlt nach Hause. Dies führte dazu, dass ich mich neu kreierte und gleichzeitig tatsächlich endlich in meiner Essenz wiederfand. Bitte verzeih mir, wenn ich jetzt kitschig werde, aber es fühlte und fühlt sich an, als nähme ich den Thron im Sitz meines Herzens ein. Ich nahm mein Leben und mich selbst mit meinem ganzen Sein in Besitz, von innen und außen. Das hört sich vielleicht momentan noch etwas abstrakt an, aber genau dazu möchte dich dieses Buch inspirieren: Es schildert eine transformierende Praxis, in der du nicht irgendein Ideal anstrebst, sondern in der du zu dir selbst findest und dich unerschütterlich mit dir selbst verbindest. Und deshalb ist für mich Tantra der Weg des mutigen Herzens: Es gehört Courage dazu, sich selbst ungeschönt zu begegnen und mit einem Königinnen-Gefühl sein Leben vollkommen in Besitz zu nehmen – mit allen Konsequenzen. Ich bin jetzt schon unglaublich stolz auf dich, dass du diesen Weg mit mir gehst, und fühle mich sehr geehrt, dass ich dich dabei begleiten darf!

## Die Weltsicht im Tantra: Das lebendige Universum

Wenn du in die Welt des Tantra eintauchst, entdeckst du eine Welt voller Energie, Götter und Göttinnen, Diagramme der Realität, transformierender Rituale, energetischer Praktiken und herausfordernder philosophischer Fragestellungen. Den ganzen tantrischen Kosmos zu erklären, würde ein eigenes Buch erfordern, nein, sogar mehrere. Nicht umsonst widmen sich Forscherinnen und Forscher an Universitäten auf der ganzen Welt den alten tantrischen Schriften. Aber ich möchte gern mit dir eine Basis bilden, auf der du mit den folgenden Kapiteln aufbauen kannst. Schritt für Schritt wirst du so mehr über Tantra erfahren, aber auch über dich selbst.

Zunächst sollten wir vielleicht einmal klären, was ein Tantra überhaupt ist, denn das wirst du hier häufiger lesen. Ein Tantra ist ein Schriftstück, dessen Inhalte und Techniken sich meist der Bewusstseinserweiterung und Befreiung widmen, sodass wir die Welt in ihrer ganzen Schönheit erfahren können. Die Schriftstücke und die damit verbundenen Techniken entstanden und verbreiteten sich in Indien etwa ab dem 5. Jahrhundert, sind aber nach wie vor brandaktuell. In diesen Schriften diskutierten meist Gott und Göttin in Versform die Natur der Realität, sie geben Praxisanweisungen und Unterweisungen in die Lehren des Tantra. In der Dialogform ist es meist Shakti, die fragt, und Shiva, der antwortet. Es gibt aber auch Texte, die, ebenfalls in kurzen Versen – Sutren oder Agamas genannt –, mit Kommentaren erklären und anleiten.

### Verschiedene Strömungen

Als Blütezeit des Tantra kann man ungefähr den Zeitraum vom 8. bis zum 11. Jahrhundert bezeichnen. Innerhalb der tantrischen Theosophie haben sich viele Linien, die sogenannten Sampradayas, und dann wiederum Unterlinien gebildet, alle mit ihrer eigenen Praxis und Weltsicht. Eine der bekanntesten und lebendigsten Linien ist das Shri Vidya, das die Göttin Lalita Tripura Sundari verehrt und weltweit praktiziert wird.

Ebenfalls bekannter ist die Trika-Linie, die häufig auch als kaschmirischer Shivaismus bezeichnet wird. Aus dieser Linie stammt beispielsweise das Vijnana-Bhairava-Tantra, von dem du vorhin gelesen hast. Die Trika empfinde ich als faszinierend, da die philosophischen Fragestellungen, die anspruchsvollen Texte und die Verse mich häufig in einen solchen Bann ziehen, dass ich teils in einem einzelnen Satz für eine Woche in meine innere Erkundung abtauche. Das passierte etwa, als mir Patricia Obermaier, eine der führenden Tantra-Expertinnen, von Vers 87 erzählte: »Wenn man bei Neumond in einer dunklen Nacht lange die Finsternis meditiert, dann erlangt man das Wesen Bhairavas.«

Ich weiß nicht, ob ich das Wesen Bhairavas, ein anderer Name für Shiva, erlangt habe. Das Einzige, was ich sagen kann, ist, wie schön es für mich ist, mir vorzustellen, in die Nachtschwärze Bhairavas wie in dunkelblau-schwarzen Samt eingehüllt zu sein. Es fühlt sich ewiglich und unendlich an, als seien alle Unterschiede aufgelöst. Aus meiner eigenen Erforschung des Verses habe ich die folgende Meditation entwickelt und schlummere immer selig ein, wenn ich sie praktiziere.

## MEDITATION:
## EINGEHÜLLT UND SICHER

Diese Meditation führst du gemütlich eingemuckelt im Bett durch, es ist wichtig, dass alles warm und weich ist. Du kannst dir die Anleitung gern vor dem Schlafengehen durchlesen oder höre dir die Audiodatei auf meiner Website an.

Atme neunmal tief durch den Mund ein und aus. Lege dir die Hände auf den Bauch und lass sie dort ganz sanft und sicher ruhen.

Dein Gesicht, dein Körper – alles wird ganz weich. Dazu kannst du dich fragen: Wie sanft und soft, lieber Körper, kannst du jetzt werden? Lass die Antwort eine körperliche Reaktion sein, keine Worte. Atme bewusst in deine Rückseite und spüre, wie unendlich zart deine Oberlider ruhen. Wie Schmetterlingsflügel, die sanft zusammengefaltet sind.

Warm, weich und sicher fühlst du dich in diesem Moment, in deinem Bett. Gehalten und getragen, ohne dass du etwas dafür tun musst. Stell dir nun vor, wie sich die Nacht um dich entspannt. Das Blauschwarz des Himmels, das dich wie eine weiche Samtdecke umhüllt und alles leise dämmt, als hättest du die Lautstärkeregler heruntergedreht. Eine lebendige Ewigkeit, die sich fortdauernd in sanfter Vibration ausdehnt und die ganze Erde umarmt. Erlaube dir den Gedanken, vollkommen gehalten zu sein in dieser warmen Dunkelheit. Dass du ein Teil dieser perfekten Schönheit bist, wunderbar geborgen, sicher und ewiglich. Lass dein Bewusstsein in dieser Fürsorge sanft in den Schlaf gleiten.

Gute Nacht.

# Tantra und gesellschaftliche Konventionen

Neben den verschiedenen Linien wird das Tantra auch in linkshändig und rechtshändig unterteilt. Sehr vereinfacht kannst du es so unterscheiden: Das rechtshändige Tantra fokussiert sich auf Rituale, Mantren und die meditative Praxis. Das linkshändige Tantra beinhaltet auch Mantratechniken, Rituale und Meditationen, widmet sich aber zudem grenzüberschreitenden Praktiken wie etwa Ritualen an Verbrennungsstätten. Nicht um zu schockieren, sondern um sich mit seinen eigenen sozial-gesellschaftlichen Konstrukten zu konfrontieren. Im linkshändigen Tantra setzt man sich konsequent dem aus, was als abschreckend oder gar furchterregend empfunden wird. Nicht zuletzt wird Tantra auch deshalb als der Weg des Kriegers und der Kriegerin beschrieben – dazu gehört Mut!

Apropos Kriegerin: Tantra war und ist für Männer und Frauen gleichermaßen gedacht, sie werden als gleichwertige Praktizierende angesehen. Einige tantrische Linien wurden auch von Frauen gegründet, beispielsweise von der sagenumwobenen mächtigen Yogini Keyuravati, der man übernatürliche Fähigkeiten nachsagte und die wie eine Göttin verehrt wurde. Erleuchtung war auch für tantrisch praktizierende Frauen möglich. So erlangte den Geschichten nach die umherziehende Weinhändlerin Sahajavajra, die die Tantrika in Uddiyana, einem der damaligen tantrischen Königreiche in Indien, mit Wein versorgte, bei der Ausübung ihres Jobs Erleuchtung. Tantra war für alle offen, gleich welchem Geschlecht oder welcher Kaste sie angehörten.

## Alles ist eins und verbunden mit allem

Warum Menschen gleichbehandelt wurden, hat mit der grundlegenden Weltsicht des Tantra zu tun. Auch wenn es unterschiedliche Linien gibt, so ist im Tantra eine Annahme grundlegend: dass das gesamte Universum Shiva und Shakti ist, Gott und Göttin. Aber Moment mal – wie genau kann ein Universum Göttin und Gott sein? Nun, um das zu begreifen, dürfen wir uns zunächst einmal von etwas befreien: vom christlichen Verständnis des Gottesbegriffs. Im Tantra gibt es keinen Papa-Gott und keine Mama-Göttin, die belohnen und bestrafen. Im Tantra wird das Göttliche eher als Energie im Raum verstanden. Ich habe für mich folgendes Bild kreiert, mit dem ich es mir perfekt vorstellen kann. Kennst du die Simpsons? Wunderbar! Vielleicht hast du eine Folge gesehen, in der Homer und Bart in eine Art Matrix eintauchen und sich aus dieser Matrix heraus Gegenstände formen – so stelle ich persönlich es mir vor.

Im Sprachgebrauch des Tantra ist es so: Shiva ist das unendliche Licht und Bewusstsein, Raum, Stille, die Absolutheit und Unbeweglichkeit. Shakti ist die Energie, die dieses Licht und Bewusstsein in Form bringt und daraus kreiert. Sie ist die ursprüngliche Kraft, die alles ins Leben bringt, die manifestiert und das Universum selbst ist. Erinnert dich das vielleicht an Star Wars? Nicht zufällig: Es kursiert das Gerücht, dass sich George Lucas, der Schöpfer der Weltraumsaga, von einem tantrischen Text inspirieren ließ. Shakti, die Göttin, ist es also, die das Leben erschafft und untrennbar mit Shiva, Gott, verbunden ist.

Ein Gleichnis, das in sehr vielen Tantras genutzt wird, ist das von Feuer und Hitze: Beide existieren gleichzeitig und sind untrennbar miteinander verbunden, genauso wie Shiva und Shakti. Ein Beispiel dafür findest du etwa im Netra-Tantra, Vers 1.26: »Sie ist bekannt als die Hitze im Feuer und die Strahlen der Sonne, meine eigene Energie ist von der Art der Ursprung des gesamten Universums.«

## Manifestation der Göttin – eine Erkenntnis mit großer Tragweite

Shakti und Shiva sind also untrennbar miteinander verbunden. Dabei umfasst die Göttin alles: alle deine Gedanken und Emotionen. Sie ist dein Körper, der Wald, in dem du spazieren gehst, und das rauschende Meer. Sie ist der Mensch, zu dem du auf Abstand gehen möchtest, und der, den du am meisten liebst. Shakti ist alles – und deshalb ist im Tantra auch alles heilig.

Halte einen Moment inne und lies dir die letzten Sätze noch einmal durch. Die Gewaltigkeit zaubert mir jedes Mal ein Lächeln ins Gesicht und dir vielleicht auch: Du bist eine Manifestation der Göttin, von Shakti! Du bist vollkommen genau so gemeint, mit all deinen Ansichten, Wünschen, Begierden und Ängsten. Shakti liebt dich so sehr, dass sie beschlossen hat, du zu werden. Nicht nur im Geiste, sondern mit deinem ganzen Sein. Dein wunderbarer Körper. Deine Gedanken, die negativen wie die positiven. Deine Emotionen. All das ist im Gesamten göttlich, nicht nur in der Essenz. Alles, was du bist, denkst, fühlst, ist Ausdruck des Göttlichen, ist Energie, ist Shakti.

Als mir die Tragweite dessen bewusst wurde, hat sich vieles für mich geändert. Ich hatte beispielsweise immer eine »Ugly Duckling«-Stimme im Kopf. Sie sprach im Ruhrpott-Slang, war rau und knarzend vom vielen Rauchen. Sie trug die blondierten Haare kurz, hatte sonnenbankgegerbte Haut und eine pinkfarbene Strähne im

Pony. In meiner Vorstellung zieht sie erst einmal an der Zigarette, um dann loszulegen: »Hömma, watt is dat denn? Is dat en Becher Hüttenkäse oder sind dat deine Oberschenkel? Und ich sach ma so, deine Rolle umme Taille könnte in Sachen Schwimmring die ganze Titanic retten.« Nicht besonders nett, oder? War es auch nicht. Mein erster Reflex war immer, hier auf Abstand zu gehen, die Stimme abzuschalten. Oder mich traurig und down zu fühlen. Aber auch diese Stimme ist Energie, Ausdruck von Shakti. Mit der tantrischen Praxis, die du in diesem Buch (kennen-)lernen wirst, bewertest du deine Gefühle und Muster nicht, sondern siehst sie als Energie. Anstatt hektisch zu versuchen, mich in eine andere Stimmung zu bringen – oder abzustürzen –, kann ich heute sagen: »Ach, Schätzchen, du schon wieder.« Mit einem Lächeln umarme ich die Stimme, und dann kann sie auch irgendwie gar nicht mehr so viel sagen. Meistens jedenfalls.

## Holy Shit: Tantra und Sinnlichkeit

Da der Körper Shakti ist, sind die Sinne unsere Türen, um Shakti zu erfahren. Im Buddhismus wird das Ich als Fiktion gesehen und die Welt als Illusion. Auch in indischen Philosophien ist das so, es gibt etwa das berühmte »Neti-Neti«. Es bedeutet: nicht dies, nicht das. In der Meditation sagt man sich dann beispielsweise, dass der Verstand nicht die Wahrheit ist, der Körper nicht die Wahrheit ist, die Welt nicht die Wahrheit ist. Die Wahrheit ist nur das absolute Aufgehen im Bewusstsein ohne jede Anhaftung und Gedanken. Im Tantra ist es genau andersherum: Hier heißt es »iti-iti«. Wir sagen uns: Ich bin all das! Dieser Körper, diese Welt, dieses Leben, diese Gedanken, diese Sinnlichkeit und jede Trennung sind nur eine Illusion. Unsere Sinne können dabei eine Tür sein, um diese Einheit zu erfahren.

Es gibt unzählige wundervolle Meditationen mit deinen Sinnen, unter anderem Meditationen, in denen du deine Füße massierst, deinen Orgasmus nachverfolgst oder etwas Süßes naschst. Tasty, oder? Ich liebe am Tantra die Heiligkeit der Sinne und die Meditation mit ihnen. Die Idee dahinter ist das Aufgehen und Verweilen im Sinnesempfinden, zu schauen, wie sich ein Geruch, ein Geschmack, eine Berührung anfühlen, wie sich die sinnliche Empfindung entwickelt, wie sie dann langsam wieder vergeht und wohin sie vergeht. Christopher Wallis schreibt in Tantra Illuminated, dies werde »das Füttern der Göttin der Sinne genannt«. Wenn wir sie gut füttern, so Wallis, erweitern wir unser Bewusstsein durch Ästhetik und nähren es mit Schönheit.

Es geht aber noch weiter: Durch das meditative Genießen mit allen Sinnen erweitern wir zusätzlich unsere Kapazität, Schönheit zu erfahren. Für mich persönlich ist durch diese Praxis die Welt bunter und vielfältiger geworden. Was vorher eine Farbe war, ist nun ein ganzes Spektrum, eine Palette. Es hat mich lebenslustiger, neugieriger, spielerischer und offener gemacht. Für mich persönlich ist die Praxis mit der »Sinnesgöttin« eine der elementaren Praktiken, daher wirst du auch hier in diesem Buch viel dazu finden. Aber lass uns zunächst noch tiefer in die Natur des Göttlich-Weiblichen oder Divine Feminine, wie man im Englischen so schön sagt, eintauchen.

## Divine Feminine – das Göttlich-Weibliche

Wir haben schon festgestellt, dass sich Shakti als alles Mögliche manifestiert. Wie passt es dann mit den vielen Göttinnen zusammen, von denen du einige in diesem Buch auch kennenlernen wirst und die das Tantra zu einem Pantheon, zu einer ganzen Riege an Gottheiten, machen? Nun, sie sind ebenfalls ein individueller Ausdruck von Shakti, nur eben auf einer anderen, eher energetischen Ebene. Wenn du mich persönlich fragst, sehe ich es so: Es gibt eine Grundstruktur, Raum und Energie, die wir das Göttliche nennen. Du kannst auch andere Namen dafür finden, wenn du die Begriffe »Gott«, »Göttin« und »göttlich« nicht magst: »das Universum«, »das Leben« beispielsweise. Denn letztlich sind Namen wie Kleidung für die eine, große Sache. Innerhalb dieser gibt es die unterschiedlichsten Ströme. Stell dir einen Ozean vor, riesengroß! Das gleiche Wasser, aber an manchen Stellen ist das Wasser wild und baumhoch, an anderen Stellen spiegelglatt oder sanft plätschernd. Genauso gibt es in diesem einen, großen Ganzen die unterschiedlichsten Formen: dich etwa, aber eben auch Göttinnen wie Lalita Tripura Sundari, die Göttin des Verlangens, der Liebe und Glückseligkeit, oder Lakshmi, die auf der ganzen Welt für Schönheit, Fülle und Fruchtbarkeit verehrt wird. Für uns moderne Menschen kann es hilfreich sein, mit diesen Göttinnen in der Praxis in Kontakt zu treten. Dabei wäre es die tantrische Sichtweise, die Göttinnen als lebendigen Teil des Universums zu sehen. Aber hey: Wenn das für dich zu abgefahren ist, kannst du sie auch einfach als Archetypen des Weiblichen betrachten. In der tantrischen Praxis erwecken wir die jeweiligen Attribute und Persönlichkeitsmerkmale der Göttinnen in uns. Die Praxis mit dem Divine Feminine öffnet uns also die Türen zu den in uns schlummernden Kräften. Ob dies nun tatsächlich durch eine Göttin passiert oder nur deshalb, weil du mit ihr praktizierst und sie dadurch für dich lebendig wird, ist dabei eigentlich irrelevant.

## Feminismus der Seele

Was ich am Tantra besonders mag, ist die Betonung von Shakti und dem Divine Feminine. Dabei lass dich von dem Begriff »Feminine« nicht täuschen! Wir verbinden ihn häufig mit Zurückhaltung und Sanftheit, aber tantrische Göttinnen sind allesamt auch stolze Kriegerinnen, die mit einem Fingerschnipsen ganze Armeen erschaffen. Die Tantra-Expertin und Autorin Sally Kempton hat es wunderbar formuliert: »Ich betrachte die Goddess-Praxis als eine Form des heiligen Feminismus – nicht als politischen Feminismus, sondern als Feminismus der Seele.«

Was bedeutet Feminismus der Seele? Er bedeutet die Erforschung von femininer Energie jenseits von Geschlechtervorstellungen und die autonome, furchtlose Selbstexploration, bei der du hinter deine bisherigen Annahmen siehst. Er bedeutet, dich zu fragen: Was ist feminine Kraft, Schaffenskraft und, ja, auch Macht? Nicht als Geschlecht, sondern als Prinzip, als Lebenskraft. Er bedeutet, diesem kreativen, chaotischen, manchmal hinreißend schönen, manchmal absurd schrecklichen Teil des Universums mit offenen Augen gegenüberzutreten. Wie es David Frawley in Tantric Yoga and the Wisdom Goddesses zusammenfasst: »Die Shakti zu verehren bedeutet, sich die eigene Macht zurückzuholen, das heißt, die Macht des eigenen Bewusstseins zu erkennen, die Gebärmutter, in der die Energie der Erleuchtung geboren wird.«

Die Kraft, die dein Herz schlagen lässt, die Kraft, die dich atmen lässt, die Energie, die deine Milliarden von Zellen antreibt, das ist Shakti. Und jetzt, genau in diesem Augenblick, ist die Zeit gekommen, diese Kraft vollkommen in Besitz zu nehmen, sich ihr zu verschreiben.

Es ist dein mutiges Herz, das genau jetzt Ja zu deinem Leben sagt.

Und das Leben antwortet dir mit einem Ja.

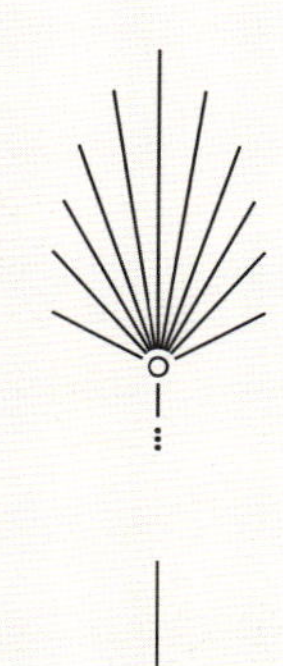

# Kali – die Kraft des Neuanfangs

The ground on which you stumble, is the ground on which you grow.

**Dharmabodhi Kolbjorn Martens**

# Durch die Dunkelheit zum Licht

*Power comes when we are willing to make mistakes and to be responsible for them, to learn from them and to correct them..*

**Anodea Judith, Eastern Body, Western Mind**

Okay, ich verstehe dich. Du hast jetzt das Buch in der Hand und denkst: »Was? Transformation? Dunkelheit? Hey, wo kommt jetzt die neue Weiblichkeit? Der Spaß, der Glamour, die Sinnlichkeit? Wieso muss ich mich mit dem belasten, was mich bedrückt und was ich mit mir herumtrage? Give me the Sexiness!« Ehrlich – das kann ich gut nachvollziehen. Und ja, definitiv könnten wir kurzfristig eine gute Phase hervorzaubern, in der du dich gestärkt fühlst, wenn wir direkt zu dem Spaß-Part übergehen würden. Ich möchte dich aber einladen, größer zu denken: dir vorzustellen, wie du fundamental aus der Tiefe heraus frei bist. Mutig und verletzlich zugleich. Sinnlich, nicht nur im sexuellen Sinn, sondern in dem Sinn, dass das Leben für dich wie Champagner perlt. Dazu benötigen wir unser ganzes Sein, unseren Schatten und unser Licht, unsere Freude, die Liebe, aber auch den Schmerz, die Wut und die Angst. Wenn wir uns radikal ehrlich selbst begegnen, verliert die Dunkelheit ihren Schrecken und wird zu einem Ort, an dem du eine Beyoncé der Wiedergeburt wirst. All die Traumata, die Schmerzen, die du erlebt hast, haben das Potenzial, dich fundamental eins werden zu lassen.

### Eine Dunkelheit mit Potenzial

Glaub mir, ich weiß, wovon ich spreche. Das ist der Weg, den ich ebenfalls gegangen bin. Ich stelle mir zu radikalen Umbrüchen und Transformation gern folgendes Bild vor: dunkler Mutterboden an einem Sommermorgen. Warm, leicht dampfend von der Sonne liegt die Erde vor dir. Stell dir vor, du gräbst die Hände tief, ganz tief in die Erde. Du spürst die Lebendigkeit und Wärme in der Dunkelheit. Alles, was du siehst, fühlst und riechst, ist Fruchtbarkeit. Die halb zerfallenen Stücke von Blättern, die sich in den Humus mischen. Die Temperatur. Die feuchte, warme Reichhaltigkeit der Textur. Dieser feine Erdgeruch, der etwas tief Beruhigendes hat. Alles, was du mit deinen Sinnen hier wahrnimmst, ist einmal gewesen und dann vergangen, und alles, was du in diesem Moment in deinen Händen hältst, hat das Potenzial von Neuanfang.

## Schmerz als Bewusstwerden deiner Grenzen

Wieso Schmerz die Kraft für einen Neuanfang hat, möchte ich dir gern an einem Beispiel verdeutlichen. Ich weiß genau, wann der Wendepunkt kam, an dem ich beschloss, mit dem Muster des Leidens in einer romantischen Beziehung, egal ob in Affäre, Ehe oder Partnerschaft, endgültig zu brechen. Ich saß am ersten Tag des neuen Jahres in meiner Küche, den Laptop vor mir aufgeklappt: Ich hatte mich mit drei Freundinnen, die auf der ganzen Welt verteilt sind, online verabredet, um unsere Regeln für die kommenden zwölf Monate vorzulesen. In mir brodelte es wie der Glühwein, der kurz zuvor noch in meiner Küche hochgekocht war. Ich war verletzt, wütend, und wusste eins: Ab jetzt wird alles anders.

Der Grund war eine unglückliche Affäre, die im Sommer zuvor begonnen hatte. Ich fand ihn wahnsinnig eloquent, charmant, gutaussehend. Wir lachten, bis wir die Augen nicht mehr öffnen konnten, und wir konnten nicht aufhören, uns zu küssen, zu berühren, miteinander zu schlafen. Das alles passierte allerdings nur an ausgewählten Zeiten am Wochenende und ausschließlich in meiner Wohnung. Darüber hinaus lief es immer gleich ab: Ich war nach unseren Treffen high on love und wollte ihn eigentlich gern sofort wiedersehen, Nachrichten bekommen, Anrufe erhalten – doch stattdessen gab es jedes Mal den Rückzug seinerseits. Mit meinem Verhalten bot ich allerdings auch keine andere Chance: Selbstverständlich zeigte ich nicht, was ich wollte. In allen Datingratgebern wird schließlich empfohlen, geheimnisvoll und nicht verfügbar zu sein. Gleichzeitig redete ich mir ein, dass das doch stark, frei und unabhängig sei, es so locker laufen lassen zu können. Und überhaupt: Sollte man im Spirituellen nicht bedingungslos lieben?

### Superkräfte Verletzungen und Wut

Tatsächlich aber stand ich nicht für meine Bedürfnisse ein. Was ich mir eigentlich wünschte, war eine echte, tiefe Beziehung. Stattdessen tat ich so, als reichte mir das lockere Arrangement, und heulte dann bei Rundgängen mit meiner Freundin Suse in der Hamburger Schanze leidend in meinen Kaffee to go. Die Frage ist zudem, warum ich mich zu jemandem bekennen wollte, der mir nicht das

Gefühl vermittelte, mich als Gesamtpaket zu wollen? Weil ich meine Problematik in Sachen romantische Liebesbeziehung einfach immer noch nicht im Griff hatte, auch wenn das Fundament schon deutlich gesünder war als die Jahre zuvor. Gesunde Beziehungen hatte ich in meinem Leben bis dahin einfach nicht kennengelernt. Ich wusste nicht, wie man sich in Beziehungen und vor allem in Beziehungsanbahnungen »richtig« verhält. Ich wusste nicht, wie ich für mich einstehen konnte.

Es traf mich hart, als er für einige Monate ins Ausland reiste – und sich nach dem Abflug nicht mehr meldete. Meine Freundin Paula setze mich damals auf den Pott: »Sandra, es ist immer wieder die gleiche Geschichte, du musst da jetzt ran, ich höre mir das nicht mehr weiter an.« Die kalte Dusche half, und ich nahm Kontakt mit einer Therapeutin auf. Das größte Aha-Erlebnis hatte ich, als ich ein Jahr später mit dem gleichen Mann freundschaftlich zusammensaß und ihm alles erzählte, all meine Emotionen, die ich damals gehabt hatte. Er konnte es nicht fassen, denn von all meinen Gefühlen und der Sehnsucht hatte er nicht die leiseste Ahnung gehabt. Mehr noch, er war damals sogar enttäuscht, als ich ihm zu unserer Zeit sagte, ich hätte keine Erwartungen an ihn – ein Statement, mit dem ich mich betont locker geben wollte, das ich aber überhaupt nicht gefühlt hatte.

Dennoch war alles, wie es gekommen ist, ein Geschenk. Denn die Wut der Verletzung half mir, den Willen und die Kraft aufzubringen, nicht nur alles konsequent aufzuarbeiten, sondern auch Verhaltensregeln aufzustellen, klar zu kommunizieren und für meine Bedürfnisse einzustehen. Verletzungen, Traumata und Wut können also unsere größte Superpower werden: die Kraft, diejenige zu werden, die wir sein wollen, nicht die, die sich von vergangenen Erfahrungen bestimmen lässt.

## Kali, die Kraft der Transformation

Für diese Kraft der Transformation und die Initialzündung gibt es eine Göttin im Tantra und im Hinduismus: Kali, die schwarze Göttin. Kali sieht auf den ersten Blick furchterregend aus. Die langen Haare wehen wild um ihren Körper, der mit einer Kette aus abgeschlagenen Köpfen geschmückt ist. Um ihre Taille baumelt ein Rock aus Armen. Ihre Haut ist vollkommen schwarz, und sie streckt ihre Zunge heraus. In ihren Händen hält sie ein Schwert und einen weiteren abgeschlagenen

Kopf. In der Mythologie rettet Kali die Welt, indem sie in Raserei ein ganzes Dämonenheer abschlachtet. Kali tötet Raktabija, den Anführer des Dämonenheers, der sich vermehrt, wenn er verletzt wird und sein Blut auf den Boden tropft, indem sie sein Blut mit ihrer langen Zunge aufleckt. Kali steht für radikale Veränderung, die Konfrontation mit den tiefsten Ängsten, für Transformation, Umbruch und Tod. Kali zeigt dir, was unzerstörbar in deinem Leben ist, indem sie alles andere auflöst. Kali vernichtet und zersprengt mit Gewaltigkeit alte Ketten und Strukturen. Sie zwingt dich hinzusehen, sie brennt alles nieder, was unser eigentliches Sein blockiert, und schafft so den Raum für eine Auferstehung.

Das liest sich erst einmal toll, fühlt sich aber nicht gut an, wenn man mittendrin steckt. Nachdem meine Ehe in die Brüche gegangen war und die Zukunft die Option auf Mittellosigkeit, Einsamkeit und Obdachlosigkeit bot, fühlte sich alles so schwarz an wie Kalis Haut. Mir war daher nach der ersten Runde Auflösung die Radikalität Kalis lange zu viel. Ich traute mich nicht an sie heran. Ich empfand sie als extrem faszinierend, hatte aber Angst vor ihrer Wildheit und, ja, auch vor dem Umbruch, den sie mit sich bringt. Erst im Laufe meiner Praxis und mit zunehmendem Mut und Glauben an mich selbst begriff ich, dass in der Gewaltigkeit eine unendliche Liebe steckt. Denn nur wenn die Fesseln gesprengt sind, die uns festhalten, können wir in die Freude, Liebe und Fülle treten.

Das kann sich jetzt für dich viel zu esoterisch anhören, aber nimm Kali als Metapher für die Kraft des radikalen Umbruchs, in welcher Form er bei dir auch kommen mag, und stell dir die Energie dahinter vor. Kali-Energie ist gewaltig, wir finden sie in Blitzen, in der Geburt, in der Ekstase des Orgasmus. Kali ist alles andere als schüchtern und zurückhaltend. Kali ist dramatisch groß, mächtig und kommt mit der Wucht eines Tornados. Und Kali ist die Energie in dir, die dir die Kraft gibt, dich mit radikalen Umbrüchen bewusst zu konfrontieren und daraus Neues zu erschaffen. Lassen wir also die Energie von Kali herein, damit wir zur Königin unseres Lebens werden können.

### Getting Serious: Verantwortung für den eigenen Zustand übernehmen

Die Sache ist die: Selbst mit Kali im Rücken läuft es ohne dich hier nicht. Ich brauche dich an dieser Stelle, denn für Veränderung und Transformation braucht es deine bewusste Entscheidung, ein ganz klares Ja. Die Dinge, die uns in der Kindheit passiert sind, unser Alter, unser Körper, unser Aussehen, die Wirtschaftslage – das alles können Faktoren in deiner jetzigen Situation sein. Aber du hast es in der Hand, wie du darauf reagierst, und du hast es in der Hand, die volle Verantwortung dafür zu übernehmen. Ich habe dies bewusst geübt. Ich bin eine Zeit lang aufgestanden und habe mir jeden Morgen gesagt: »Ich übernehme die volle Verantwortung für den heutigen Tag und meinen inneren Zustand.« Ich weiß, das ist eine harte Entscheidung, weil es immer einfacher ist, etwas oder jemanden zu haben, dem man die Schuld zuweisen kann. Damit bringst du dich aber in die Passivität und in die Opferrolle. Du reagierst und gestaltest nicht aktiv. Ich gebe dir ein Beispiel, das sich vielleicht krass anhört, für mich aber eine sehr wichtige Entscheidung war. Ich habe in meinem Leben sexuelle Übergriffe erlebt. Die bewusste Entscheidung, das Geschehene zu akzeptieren, mich aber nicht mehr davon bestimmen zu lassen, hat mich aus der Opferrolle geholt und mir so viel Stärke geschenkt. Unsere Erfahrungen sind verhandelbar, da wir bewusst entscheiden können, was unsere Wahrnehmung bestimmen soll. Mit der Entscheidung für Verantwortung erreichst du Autonomie und schenkst dir wieder Handlungsspielraum. Für mich ist das die Definition von Selbstliebe: aktiv Verantwortung für seinen inneren und äußeren Zustand zu übernehmen.

Für diesen Motor, der dein neues Leben ins Rollen bringt, braucht es Kraftstoff, und das sind deine Gefühle. Um deine Muster zu durchbrechen, braucht es deine Wut, deine Verletzungen, die Scham, das Unglücklichsein über Körper und Übergriffe. Wut auf jeden, der dich ausgelacht hat, Wut darüber, wenn deine Grenzen mit Füßen getreten wurden. Die Wut kannst du – wenn du sie von den Storys löst – als Kraft des Antriebs nutzen und damit deinen Willen stärken. Und genau das tun wir jetzt. Wir entscheiden uns dafür, dass Schmerz zum Leben dazugehört, aber Leiden eine Wahl ist. Nimm dir an dieser Stelle Stift und Papier und schreibe bitte folgenden Text. Es ist wichtig, dass du ihn selbst schreibst und unterschreibst, ins Buch zu schreiben reicht nicht aus.

## ÜBUNG:
## MEIN VERSPRECHEN

Ich, ____________________, entscheide mich heute aktiv dafür, Verantwortung für mein Leben und mein inneres Erleben zu übernehmen. Meine Wut ist die Kraft, die mich dazu befähigt. Ich entscheide mich aktiv dafür, nicht vor meinen Ängsten davonzulaufen, sondern mich ihnen bewusst zu stellen. Damit mache ich sie zu meinen Verbündeten, und die Begrenzungen meiner Ängste werden zu Orten der Begegnung. Ich sage Ja zu den aktuellen Umständen, die mich in einen Umbruch führen. Ich entscheide mich aktiv dafür, dass dieser Moment der Ort ist, an dem ich wachse. Ich entscheide mich dafür, diejenige zu werden, die ich wirklich bin.

Das ist mein Versprechen.

____________________ (Dein Name)

____________________ (Ort und Datum)

### Finde deine Wut

Wir haben nun dein Versprechen. Der nächste Schritt ist, deine Wut zu finden und von den Gedanken, die du dazu hast, zu lösen. Wir nehmen die Wut als Energie wahr und werden dich mit dieser Kraft richtig vollpumpen. Dazu habe ich im Folgenden eine Übung kreiert, die vom tantrischen »Reinigen der drei Gifte« inspiriert ist. In der ursprünglichen Praxis wandelst du durch eine Atemtechnik beispielsweise Angst in die Kraft der Einsicht und Wut in mitfühlendes

Handeln. Heute möchte ich mich mit dir auf die Wut konzentrieren. In dieser Übung verbinden wir uns zudem mit der Energie von Kali. Wenn dir das albern vorkommt, ist das kein Problem. Dann nimm einfach die Göttin Kali sinnbildlich als die Kraft hinter Umbrüchen wahr. Wir verbinden uns mit dieser Kraft, um unsere eigene Stärke damit zu erwecken. Es gibt dazu einen Vers im Spanda-Karika-Tantra (Übersetzung von Mark Dyczkowski, siehe The Doctrine of Vibration in der Literaturliste im Anhang), der mich immer wieder daran erinnert, in Kontakt mit mir selbst zu treten und meine Kraft zu spüren, um Veränderungen herbeizuführen: »In der Tat aktiviert die individuelle Seele den Impuls des Willens nicht allein durch sich selbst, sondern durch den Kontakt mit seiner eigenen (inneren) Kraft, der so hergestellt wird, dass er sich mit ihr identifiziert (und so ihre Kraft erwirbt).«

Wir verbinden uns also mit unserer inneren Kali-Energie, um die innere Stärke zu aktivieren, in Besitz zu nehmen, und um uns dann im nachfolgenden Kapitel unseren Ängsten und unserer Scham zu stellen. Also: Lass Kali ihren Job machen.

## ÜBUNG:
## ALLES REINLASSEN, NICHTS LOSLASSEN

Setz dich bitte auf einen Stuhl. Deine Füße berühren den Boden. Schließe die Augen.

Es gibt nichts zu tun, außer ein- und auszuatmen. Ganz tief ein in den Bauch, bis er sich etwas vorwölbt, und vollkommen wieder aus.

Atme dazu über den Mund ein und aus, nicht über die Nase. Tu dies neunmal.

Mit jedem Ausatmen stell dir vor, wie du deine Umgebung langsam etwas herunterregelst, als drehtest du die Lautstärke an einem Gerät runter, bis du in dir angekommen bist.

Wechsle zu einem normalen Atem. Dann erlaube dir, Situationen nachzuempfinden, in denen du dich verletzt gefühlt hast. In denen du traurig warst. In denen deine Grenzen überschritten wurden.

Erlaube dir, das Spektrum zu fühlen, und lass langsam die Wut darüber aufkommen, dass du verletzt wurdest. Die Ungerechtigkeit, dass dir das passiert ist. Vielleicht auch die Wut auf Menschen.

Atme all das ein und atme es tief in deinen Bauch, als gäbe es dort einen Hexenkessel der Emotionen. Wirf dort alles hinein.

Du kannst dir dazu vorstellen, dass es im Bauchraum wirbelt, als rührtest du innerlich den Hexenkessel um.

*Es geht auf der nächsten Seite weiter* ⟶

Steh nun auf. Lass deinen Körper intuitiv die Bewegungen machen, die er machen möchte. Reiße die Arme beim Einatmen hoch und gehe beim Ausatmen etwas in die Hocke. Wenn nötig, schreie dabei. Weine. Spucke auf den Boden. Stampfe mit den Füßen. Aber lass die ganze Wut, die Trauer, die Angst, die Verletzung da sein, schick nichts weg und lass nichts los! Im Gegenteil: Hole alles rein!

Atme alles ein, lass es brodeln im Kessel und gib dem gleichzeitig mit deinem Körper Ausdruck.

Wenn du das Gefühl hast, dass dein Körper sich ausagiert hat, lege oder setze dich hin. Es ist vollkommen egal, ob du aufrecht sitzt oder nicht. Wichtig ist nur, dass du nach innen lauschen kannst.

Und nun: Vergiss einmal die Storys zur Wut. Versuche, nur das Gefühl wahrzunehmen. Wie fühlt es sich im Körper an? Warm? Heiß? Merkst du, wie Wut energetisch nach außen gerichtet ist? Diese Kraft, die aus dem Innersten von dir nach außen wirkt? Das ist deine Kraft, Dinge umzusetzen. Wahrhaft für dich einzustehen.

Atme diese Kraft tief ein und sprich dabei innerlich, wenn du magst, das Mantra krim (mit langem i), das die Göttin Kali verkörpert.

Atme die Kraft und das Mantra ein und verteile beides mit dem Ausatmen in deinem Körper. Tief ein, die Kraft, die es dir ermöglicht, aktiv dein Leben zu gestalten, ausatmen, diese Kraft verteilt sich im ganzen Körper. Losgelöst von Geschichten. Einfach nur Energie, die du bewusst dafür nutzt, dein Leben zu lenken.

Wenn du das Gefühl hast, dass du von der Energie gesättigt bist, setz dich still hin und atme leise neunmal ein und aus. Schließe die Übung, indem du dich vor dir selbst verneigst.

Du hast nun deinen Vertrag zur Veränderung geschlossen, dich mit deiner Wut verbunden und deine innere Stärke erweckt. Lass uns gemeinsam einen Schritt weiter gehen, insbesondere wenn du dich gerade in einer schwierigen Situation befindest. Nutze deine Kraft nicht dafür, um gegen den Istzustand anzukämpfen, sondern dafür, dich voller Vertrauen auf den Prozess einzulassen. Christopher Wallis sagte in einem Workshop so schön: »Was, wenn du dich dem Prozess des Fallens vollends und im Vertrauen hingibst? Dann wird aus Fallen Fliegen.« Dazu habe ich eine Übung für dich, die ich als extrem kraftvoll empfinde und mir manchmal sogar Gänsehaut über den Rücken jagt, einfach, weil sie vieles Unbewusstes in den Ausdruck bringt, ich mich ganz dem Prozess hingeben kann und weil sie mich tief mit der Kali-Energie verbindet.

## **ÜBUNG:** DIE WORTE FLIESSEN LASSEN: INTUITIVES SCHREIBEN

Diese meditative Reflexion liebe ich so sehr, weil sie mich jedes Mal aufs Neue überrascht. Ich bitte dich, dir einen ruhigen Platz zu suchen, halte Stift und Papier sowie einen Timer bereit. Beim intuitiven Schreiben schreibst du zehn Minuten lang ohne Unterbrechung. Ohne Filter, ohne dass es Sinn ergeben muss. Wenn dir zwischendurch nichts einfällt, schreibst du einfach: »mirfälltnichtseinmirfälltnichtsein.« Ich kann dir aber garantieren: Es wird dir etwas einfallen.

Es geht auf der nächsten Seite weiter →

Bevor wir mit dem Schreiben anfangen, schließe zunächst die Augen. Nimm die innere Dunkelheit wahr, wenn deine Augen geschlossen sind, und die gleichzeitige Bereitschaft, neu zu sehen, wenn du sie wieder öffnest. Stell dir nun vor, wie Kali dir gegenübertritt. Die wilden, fast bodenlangen Haare. Die schwarze Haut, die sämtliches Licht verschluckt. Die leuchtenden Augen, die dich liebevoll anschauen. Mit den Händen vollführt sie zwei Gesten: »Fürchte dich nicht« und »Empfange meinen Segen«.

Wenn du nicht an Kali denken möchtest, denke einfach an das Gefühl, das ein radikaler Umbruch bei dir auslöst und dich auf neue Wege schickt. Öffne dann die Augen und beginne, die Antworten auf folgende Fragen zu schreiben. Schreibe ununterbrochen zehn Minuten lang. Schreibe die Fragen mit der rechten Hand, die Antworten mit der linken – oder umgekehrt, wenn du Linkshänderin bist:

- Wer bist du für mich, Kali (alternativ schreibe »Umbruch« anstatt »Kali«)?
- Was fürchte ich am meisten?
- Wovor schützt du mich?
- Was ist dein Geschenk?
- Was kann ich von dir lernen?
- Wie unterdrücke ich dich, Kali? (Alternativ: Was unterdrücke ich in meinem Leben?)

Lies dir das Geschriebene in Ruhe mehrfach durch und »mariniere« dich mit deinen Antworten. Meditiere dazu, befrage dich rational, beschäftige dich wirklich intensiv damit und schreibe dann Antworten auf die folgenden Fragen auf: Was sind die größten Erkenntnisse aus dem intuitiven Schreibprozess? Wie zeigen sich diese in deinem Leben? Gib genau acht auf die Antworten zu »Was kann ich von dir lernen?« und »Wie unterdrücke ich dich?«. Du erinnerst dich an die Verantwortung? Sehr gut, hier kommt deine Verantwortungs-Challenge: Setz jeden Tag zumindest eine kleine Sache um, die deine innere Kali aka Furchtlosigkeit und Mut weniger unterdrückt. Du möchtest noch mehr Verantwortung? Bekommst du!

## **ÜBUNG:**
## WARRIOR QUEEN VERSUS WETTERFEE

Ich liebe diese Übung sehr und habe sie in einem Coaching von der Handel Group, einem US-amerikanischen Coaching-Unternehmen, bekommen. Mit meiner Coachin habe ich damals auch schon, Überraschung, das Themenfeld Beziehung bearbeitet. Wir legten Ziele und Regeln fest: maximal knutschen beim ersten Date, kein Sex, auch nicht beim zweiten, dritten, vierten Date, um nicht ein altes Muster zu wiederholen. Ich konnte es fantastisch umsetzen, was vor allem daran lag, dass ich nicht datete. Überhaupt sind Beziehungsmuster allesamt wahnsinnig gut handhabbar, wenn man sich nicht in Beziehungen begibt. Doch irgendwann war es so weit: Ich traf – nennen wir ihn Paul. Paul war groß, in meinen Augen unglaublich attraktiv, muskulös, Model, kurzum: Alle meine optischen Reize wurden ausgelöst. Wir kannten uns schon länger, auch intimer, hatten uns aber in den letzten Jahren aus den Augen verloren. Wir trafen uns zum Rosé auf meiner Terrasse am späteren Nachmittag. Es war ein heißer Sommertag. 28 Grad verliehen unserer Haut einen konstanten Schimmer aus perlender Feuchtigkeit, der Rosé klirrte mit den Eiswürfeln im Weinglas, und genauso sachte, wie besagte Eiswürfel sich immer wieder im Glas berührten, berührten auch wir uns immer wieder ganz »zufällig«. Die Luft war elektrisch aufgeladen, und irgendwann hielten wir es nicht mehr aus. Am nächsten Morgen konnte ich einen kolossalen Regelbruch aufweisen. Ich beichtete ihn meiner Coachin Tina mit leicht weinerlicher Stimme: »Tina, ich kann wirklich nichts dafür, die Sonne und der Rosé, und dann waren wir sowieso beide in Bikini und Shorts, ich meine …« – »Stopp!«, sagte Tina. »Sandra, du hörst dich an wie eine Wetterfee. Fakt ist aber: Du bist verantwortlich. Du hast in dieser Situation eben deine kurzfristige Lust und nicht deine Ziele gewählt.

Es geht auf der nächsten Seite weiter →

Das ist okay. Jetzt legen wir aber die Konsequenzen für dein Handeln fest.« Tina war meine Kali. Genauso wie Kali die Köpfe ihrer Feinde abtrennt, genauso musste ich mich durch Tina meinen Verhaltensweisen stellen. Ich hatte die Wahl: Wenn sich dies noch einmal wiederholt, muss ich entweder 20 Euro anzünden oder eiskalt duschen inklusive Haare waschen und den Körper rasieren. Ich wählte Letzteres, und was soll ich sagen: Ich hielt mein Versprechen. Genau das ist Kali-Energie. Die wild entschlossene Disziplin, Dinge einzuhalten, zu kämpfen und einzustehen. Wichtig ist, dass du folgende Schritte dabei einhältst:

- Leg deine Handlung/dein Verhalten/deine Aufgabe fest.
- Leg deine Strafe fest: 20 Euro verbrennen, mit Pippi-Langstrumpf-Zöpfchen einkaufen gehen oder (mein persönlicher Favorit) 50 Euro einer Organisation spenden, die du wirklich schlimm findest. Das hält dich ziemlich zuverlässig davon ab, dich selbst zu torpedieren.

Mit diesen einfachen Instrumenten kannst du eine erste kalieske Warrior-Queen-Haltung in dein Leben bringen.

## Das Verschlingen der Zeit – Ende als Neuanfang

Kali ist tatsächlich nicht nur eine Kriegerin, sondern in der tantrischen Version eine alles verschluckende und gebärende Schwärze: Kali Sankarshini, die Verschlingerin der Zeit. In dieser Form begegnete sie mir 2021. Ich weiß nicht, ob du ein Haustier hast, aber mich hat fast 15 Jahre lang eine wundervolle Hundeseele begleitet. Meine kleine Mini war eine zauberhafte Hundemaus. Lustig, eigensinnig, sehr klug und mit ihren schokobraunen Flecken auf weißem Fell stahl sie alle Herzen. Der kleine Kobold und ich hatten eine sehr enge Bindung, durch sie musste ich das erste Mal Verantwortung für ein anderes Lebewesen übernehmen. Ich habe sie über alles geliebt, und es brach mir das Herz, als sie schließlich ihrem Herzfehler erlag. Am Morgen ihres Todestages wachte Mini auf und konnte kaum mehr atmen, geschweige denn gehen. Ich fuhr rasend schnell mit ihr zur Tierklinik. Dort ließ man uns warten. Als wir endlich an der

Reihe waren, wurde es hektisch. Mini brauchte sofort Notfallmaßnahmen. Wegen Covid-19-Vorschriften durfte ich nicht dortbleiben. Nach drei Stunden rief mich die Klinik an: »Kommen Sie jetzt sofort, Ihr Hund stirbt!« Ich raste mit dem Auto zurück zur Klinik und kam gerade noch rechtzeitig, um die kleine Hundemaus zumindest in den Armen zu halten. Wir saßen im Auto, damit sie dieses Leben nicht im Klinikumfeld verlassen musste. Es war Januar und klirrend kalt. Mini rang um jeden Atemzug, und als die Tierärztin das Narkosemittel in die Kanüle an ihrem dünnen Beinchen einspritzte, tat es ihr weh, sie versuchte, ihr Bein wegzuziehen. Das Mittel wirkte, der Widerstand erlosch und ihr kleiner, gerade mal viereinhalb Kilo schwerer Hundekörper wurde ganz weich. Sie atmete leise, kaum hörbar, trat hinüber in den bewusstlosen Zwischenzustand von Leben und Tod. Ich weinte so sehr und sprach meine Abschiedsworte. Dann setzte die Tierärztin die tödliche Spritze in die Kanüle. Minis Herz hörte auf zu schlagen.

Noch immer, wenn ich die Zeilen schreibe, kommen mir die Tränen und manchmal auch die Vorwürfe: Hätte ich nicht darauf bestehen müssen, bei ihr zu bleiben? Warum habe ich nicht einen größeren Aufstand gemacht, sodass wir sofort an die Reihe kamen? Warum bin ich nicht früher zum Tierarzt gefahren, als ich das Rauschen in ihrer Lunge drei Tage zuvor bemerkt hatte? Der Schmerz, der Verlust riss mich in einer Gewaltigkeit mit, ich war gefangen im Strudel der Selbstvorwürfe. Aber im Auge eines jeden Sturmes gibt es einen Moment der Zeitlosigkeit. In diesem konnte ich trotz des Schmerzes erkennen, dass all meine Trauer auch Zeichen meiner großen Liebe zu Mini war. Ihr Tod brachte mir den Wunsch, erneut zu definieren, was im Leben zählt, und die Kraft, keinen Bullshit mehr in diesem Leben zu tolerieren.

### Veränderung durch Schmerz

Wenn du durch Schmerz so heruntergebrannt bist, ist wirkliche Veränderung möglich. Das Geheimnis ist, sich dem Moment der Transformation in seiner ganzen Intensität hinzugeben. Im Englischen heißt es so schön: surrender. Die Erkenntnis der Liebe zu meiner Mini-Maus kam, als ich in einem Augenblick der Aufgabe und des Übergebens in eine Art stille Zeitlosigkeit kam. Ich begriff, dass meine Selbstvorwürfe mich in einem Gedanken-Loop festhielten, der mich aber gleichzeitig davon abhielt, den Schmerz tatsächlich zu fühlen. Also ließ ich den Schmerz zu. Fühlte alles. Und fand unter dem Schmerz eine tiefe Liebe und Wertschätzung für das, was ich mit der kleinen Hundeseele erfahren durfte.

Diesen Moment der Zeitlosigkeit verbinde ich mit der tantrischen Kali. Hier ist sie Kali Sankarshini, die Verschlingerin der Zeit. Ihre Schwärze steht dafür, dass in ihr alles beginnt und endet. In dieser Phase habe ich erstmals etwas Mütterliches wahrgenommen: sie, die die Zeit erschafft, und sie, die die Zeit verschlingt. Alles entsteht und vergeht in ihr, und manchmal braucht es den eruptiven »Tod«, damit wir neu beginnen können.

## Dein Abschied

Manche Erlebnisse können so schmerzhaft sein, dass man sie bewusst in die Schwärze von Kali geben möchte – und glaube mir, ich verstehe das so gut. Ich habe viel Schmerz in meinen zwischenmenschlichen Beziehungen erlebt, sehr viel Verletzung, sowohl körperlich als auch seelisch. Ich habe an mehreren Zeitpunkten gemerkt, dass ich manche Dinge zwar sehen will und kann, ich aber dennoch eine Art Abschiedsritual brauche. Meine Art, das zu tun, waren Abschiedsbriefe an Aspekte meines Seins. Verhaltensweisen, die von ganz alten Überzeugungen aus der Kindheit und Jugend geprägt waren und die ich danach Jahr für Jahr mit meinen Entscheidungen bestätigt habe. Jeder Abschiedsbrief war eine Wegmarkierung für mich, ein nächster Schritt in Richtung Freiheit und Weiterentwicklung. Einen der Abschiedsbriefe findest du in den gleich folgenden Zeilen. Ich habe ihn etwas verändert, weil er an manchen Stellen zu krass für dieses Buch war. Vielleicht ist er das immer noch, aber ich möchte dir zeigen, wie viel Liebe an das Übergeben an Kali stecken kann:

»Sweet Baby-Girl. Ich darf mich heute von dir verabschieden. Ich weiß, deine Sehnsucht nach Liebe ist so groß, und der Glaube, dass diese Liebe mit Schmerz verbunden ist, hat sich in deine Zellen geschrieben. Baby-Girl, ich sehe dich. Ich sehe deine Einsamkeit. Ich sehe deine Verzweiflung. Ich sehe, wie dein Herz immer wieder zerreißt, jedes Mal, wenn du früher geschlagen wurdest, jedes Mal, wenn jemand mit einer Agenda zu dir kommt, um dich zu benutzen, und du diesen Körper für die Illusion von Liebe hergibst. Baby-Girl. Wir haben es schon so weit geschafft. Der Schmerz ist nun nur noch ein Nachhall der Symphonie des Terrors, der er einmal war. Trotzdem suchen wir uns immer noch Menschen aus, die uns nicht so lieben, wie wir es brauchen. Wir suchen uns Menschen aus, die uns in den wertvollen Momenten komplett fühlen lassen, geborgen. Umarmt, so, wie wir uns unser ganzes Leben fast nie gefühlt haben. Ich weiß, mein Schatz. Diese Momente sind kostbar. Aber diese Menschen sind nicht in der Lage, uns in der Ganzheit zu lieben, nicht aus Boshaftigkeit oder weil wir nicht liebenswert sind. Nein, einfach weil sie nicht zu uns passen. Das ist okay.

Aber es lässt uns jedes Mal zerrissen zurück. Mein Herz, du wiederholst seit Jahren immer wieder, dass Liebe wehtun muss, du wiederholst das Gefühl der Einsamkeit und des Verlassenwerdens, sogar dann, wenn du verlässt. Baby-Girl. Ich sehe dich. Wir haben es fast geschafft. Und nun bitte ich dich, komm in meine Arme, damit du fliegen kannst. Komm in die dunkle Wärme, sodass dein Abschied uns beiden die Freiheit schenkt. Baby-Girl, ich liebe dich. Und ich halte dich. Fliege frohen Mutes, wenn ich dich nun dem Neuanfang übergebe. Denn wir beide finden das Licht. Baby-Girl, ich liebe dich.«

## **ÜBUNG:** DEM NEUANFANG ÜBERGEBEN

Ich möchte dich nun bitten, auch an einem Aspekt von dir, den du wirklich verändern möchtest, einen Abschiedsbrief zu schreiben. Schreibe dabei so liebevoll wie möglich. Sieh und fühle das ganze Spektrum an Emotionen, das damit verbunden ist. Wenn du den Brief geschrieben hast, unterzeichne ihn. Wenn du magst, kannst du ihn danach verbrennen und in ein fließendes Gewässer streuen.

Dieses Halten und Zu-Ende-Bringen der Aspekte des Ichs, die aus Traurigkeit, Angst und Scham entstanden sind, hat etwas sehr Fürsorgliches. Die Dunkelheit muss nichts Angstmachendes sein, sondern kann als Zufluchtsort erlebt werden. Ihre Anhänger verehren Kali tatsächlich als Ma, als Mutter. Und auch im Prozess des radikalen Umbruchs steckt diese Qualität: Kali nimmt dich, wie ich mein Baby-Girl in dem Abschiedsbrief, in die Arme, um dich auf den Weg der Freiheit zu senden.

Lass uns weiter in dem Sinnbild Kalis als umarmende schwarze Göttin bleiben und dieses Kapitel mit einem neuen Anfang abschließen: einem Anfang, indem du dich mit der Kraft des Wandels verbindest und dir ein bewusstes Ja für alles Kommende schenkst.

## MEDITATION:
## KALI ALS ANFANG

Setz dich so hin, dass du gut und bequem geerdet bist. Nimm eine stolze Haltung ein.

Stell dir einen deiner Lieblingsorte bei Nacht vor. Vielleicht ist es ein malerischer Strand, die Wellen rauschen leise und die Sterne funkeln am Firmament. Vielleicht ist es eine mondbeschienene Waldlichtung. Vielleicht einfach dein Bett und deine Lieblingsbettwäsche mitten in der Nacht.

Wie fühlt es sich an, in deinen Gedanken an diesem Ort zu sein? Wie warm ist deine Haut? Welche Gerüche wehen an dir vorbei? Zarter Vanilleduft zu Hause? Vielleicht ein Hauch von Kokos, wenn du am Strand bist?

Versuche, mit deinen Fantasiesinnen alles wahrzunehmen, was du siehst, hörst und fühlst. Kannst du die Lebendigkeit in der Dunkelheit entdecken? Das Potenzial eines anbrechenden Tages, noch nicht da, aber gewiss? Das Ende des vorherigen Tages, das nur der Übergang zu etwas Neuem ist? Kannst du eine feminine Präsenz an diesem, deinem dunklen Lieblingsort wahrnehmen? Die spielerische Bewegung der Möglichkeiten in der Dunkelheit?

Es geht auf der nächsten Seite weiter →

Verbinde dich über deinen Atem mit dieser Präsenz. Lass sie mit dem Einatmen dein Herz berühren.

Lass dein Einatmen bis unter dein Brustbrein fließen. Mit jedem Einatmen akzeptierst du den Wandel, akzeptierst du deinen Zustand und verbindest dich gleichzeitig mit der Kraft, Neues wachsen und entstehen zu lassen.

Der simple Akt des Einatmens wird zu einem Versprechen, zu einem Gebet. Jedes Einatmen ist ein Ja des Lebens zu dir, jetzt in dieser Form, in dieser Situation. Und jedes Ausatmen ist ein Ja von dir zu deinem Leben. Ein Ja zu einem neuen Anfang.

Beende die Meditation, indem du deine Hände auf dein Herz legst.

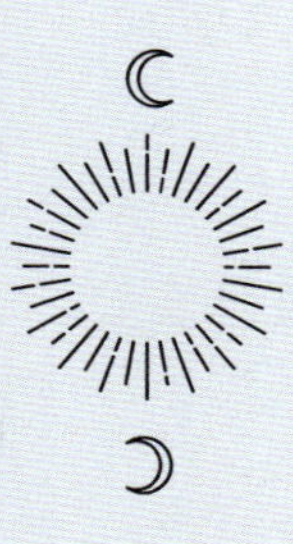

# Chinnamasta und Transformation – die Kraft der radikalen Ehrlichkeit

Whenever there is absence of power,
spirit or joy in a woman's life,
she has lost touch with her wild self.

**Tami Lynn Kent**

# Erkenne dich selbst

*Cut my life into pieces, this is my last resort.*

**Papa Roach**

Ich bin wahnsinnig stolz auf dich, dass du dich entschlossen hast, den Schmerz und die Wut als Katalysatoren zu nutzen, um dir deine Schattenseiten anzuschauen. Glaub mir, ich weiß, dass dies nicht einfach ist. In meiner Arbeit mit mittlerweile Hunderten von Frauen habe ich viele Schatten kennengelernt, einer davon war bei fast allen präsent. Etwas, das mich selbst ebenfalls lange aufgefressen und bestimmt hat: die Scham. Scham über das, was man getan hat, Scham über den Körper, Scham, nicht zu genügen, nicht dem Idealbild zu entsprechen, sexuelle Scham. Dabei habe ich auch immer wieder beobachtet, dass insbesondere Frauen untereinander erbarmungslos verurteilen können und viele sich nicht trauen, im wahrsten Sinne des Wortes aus der Rolle zu fallen.

Dazu ist es wichtig zu wissen, dass das Festhalten an Konzepten uns hilft, auf unsicheren Themengebieten Stabilität und Orientierung zu finden. Diese spezifischen und klar definierten Verhaltensmuster bieten einen Rahmen, in dem wir uns sicher bewegen können. Wir flüchten uns daher in die verschiedensten Typen, die aber gar nicht unbedingt unseren innersten Wünschen entsprechen. Ich habe in meiner Arbeit etwa eine wunderschöne Frau mit einer unglaublichen Lebendigkeit kennengelernt, die sich nicht traute, die zahlreichen sexy High Heels in ihrem Kleiderschrank anzuziehen, weil ihre Angst es ihr nicht erlaubte, aus der gewohnten Rolle des Kumpeltyps zu fallen. Was würden dann die anderen sagen? Wir halten aber so eine Version von uns selbst aufrecht, bei der wir immer wieder unsere Glaubenssätze unbewusst bestätigen – und damit uns selbst limitieren.

## Wofür lebst du?

Das kann für eine Zeit lang vielleicht sogar der richtige Weg sein – ein Muster hat uns vielleicht gut geschützt. Aber bitte denke das einmal zu Ende: Willst du am Ende deines Lebens sagen: »Ich habe in Sicherheit gelebt und mich für andere gut kontrolliert?«

Oder möchtest du sagen können, dass du dein Leben so, wie du es wolltest, gelebt hast? Für dich und mit all dem, was du der Welt zu schenken hattest? Möchtest du lieben, als gäbe es kein Morgen, mutig und frei, möchtest du sagen können, dass du gelebt, geliebt, lustvollen Sex gehabt hast, nichts aufgeschoben hast auf ein Später, das vielleicht niemals kommt? Die einzige Sicherheit, die wir haben, ist das Jetzt. Wir müssen jetzt für uns aufstehen.

Ich weiß, es ist unpopulär, als spirituelle Autorin so etwas zu sagen, aber das ist es, weshalb und wofür ich lebe. Ich kacke auf die Erleuchtung. Ehrlich! Es ist einfach, allem zu entsagen und heilig zu werden. Es ist aber verdammt schwierig, sich jeden Tag aufs Neue dafür zu entscheiden, die Freiheit zu wählen und dabei mitten im Leben zu stehen. Wenn mir Lehrer sagen, dass die Praxis auf den Übergang vom Leben in den Tod vorbereitet, dann ist das ganz wunderbar, aber hey: Was nützt mir der schönste Übergang, wenn ich die Welt mit einem Weinen im Herzen verlasse?

Ich möchte mich am Ende meines Lebens selbst am Totenbett fragen: »Sandra, hast du das Leben zur Fülle gelebt? Hast du das Leben ohne Wenn und Aber in dich hineingelassen? Hast du nicht die Angst, sondern die Freiheit und die Liebe deine Stimmen der Navigation sein lassen?« Und ich möchte sagen können: »Ja, mein Schatz. Das habe ich.« Und dann meine Augen schließen.

### Freiheit oder Sicherheit?

Auch wegen dieser Fragen ist meine Ehe zu Ende gegangen. Damals hatte ich mit Spiritualität noch gar nichts am Hut, aber ich wusste, trotz 15 Jahren Beziehung, wunderschönem Haus, einem großartigen Mann und finanzieller Sicherheit: Das ist es nicht. Ich möchte nicht am Ende auf ein Nur-okay-Leben zurückblicken. Ich möchte mehr. Für Außenstehende waren wir zwar ein Traumpaar. Aber wir lebten seit Jahren wie Bruder und Schwester zusammen, einfach weil wir uns im Laufe der Zeit verloren hatten. Daran ist niemand schuld. Das passiert, wenn du das Leben nur vorbeirauschen lässt, anstatt es mit vollen Händen zu greifen. Es passiert, wenn du den anderen als Selbstverständlichkeit siehst, dich nicht weiterentwickelst, sondern an der Vergangenheit festhältst. Es fiel mir unglaublich schwer, diesen Schritt in die Unsicherheit zu gehen, und ich weiß noch sehr genau, wie mein Herz raste, als ich bei einem Waldspaziergang das Unaussprechliche aussprach: »Ich kann einfach nicht mehr. Ich muss diese Ehe beenden.« Die Jahre danach waren voller Höhen und Tiefen, aber verdammt lebendig.

Ich bekam mein Mehr! Sogar eine so wilde Fülle an Mehr, wie ich es mir in meinen kühnsten Träumen nicht hätte vorstellen können. Natürlich kann auch das wieder vergehen. Aber das Erlebte kann mir niemand nehmen, es ist mein größer Schatz, mein größter Reichtum. Du siehst also: Ich bin eine glühende Aktivistin des Lebens. Um dieses Leben so glühend zu verehren, ist aber eins unabdingbar: zu wissen, dass es endet.

## **ÜBUNG:** DER TOD ALS FREUND DES LEBENS

Die Übung kann erst einmal Angst machen, ist aber unendlich kraftvoll. Erinnerst du dich an die letzte Meditation, in der du Ja zum Leben gesagt hast, zu einem Neuanfang? Um dieses Leben erfüllt zu leben, ist es hilfreich, sich mit dem Ende zu konfrontieren und sich bewusst zu machen, dass es vielleicht kein Später für unsere Träume und Hoffnungen gibt, sondern nur ein Jetzt. Ich kann dir sehr das Buch »5 Dinge, die Sterbende am meisten bereuen« von Bronnie Ware empfehlen. Sie betreute als Palliativ-Krankenschwester Sterbende. Ihre Erkenntnisse aus der Zeit verarbeitete sie in einem Buch. Bronnie stellte die fünf Dinge, die am häufigsten bereut wurden, zusammen:

1. Ich wünschte, ich hätte den Mut gehabt, ein Leben zu führen, in dem ich mir treu geblieben wäre, und nicht das Leben, das andere von mir erwarteten.

2. Ich wünschte, ich hätte nicht so hart gearbeitet.

3. Ich wünschte, ich hätte den Mut gehabt, meine Gefühle auszudrücken.

Es geht auf der nächsten Seite weiter →

4. Ich wünschte, ich wäre mit meinen Freunden in Kontakt geblieben.

5. Ich wünschte, ich hätte mir erlaubt, glücklicher zu sein.

Lies dir noch einmal diese Sätze durch. Nimm dir dann etwas zu schreiben und beantworte die folgenden Fragen schriftlich. Welcher Punkt der Top 5 berührt dich am meisten?

Mach dir bewusst, dass du sterben wirst. Vielleicht in 50 Jahren, vielleicht in zwei Jahren, vielleicht übermorgen, weil ein Unfall passiert – niemand weiß es. Mach dir deine eigene Sterblichkeit bewusst und denke daran, wie es sein wird, wenn du weißt, dass du gerade deine letzten Atemzüge nimmst, wenn du spürst, dass du gleich in den Übergang zu einer neuen Form gehst.

- Wie blickst du auf dein bisheriges Leben?
- Was hast du gut gemacht?
- Was bereust du?
- Was bedauerst du, nicht getan zu haben?
- Was würdest du dir wünschen, wenn du die Zeit zurückdrehen könntest?

Schreibe dir alles ausführlich auf. Ich empfehle dir, diese Erkenntnisse eine Zeit lang bei dir zu tragen und sie immer wieder durchzulesen.

Aber wie kommen wir von selbst auferlegten Rollen zur selbst definierten Freiheit? Indem wir uns genau diesen Schattenbereichen zuwenden und ihnen fest in die Augen blicken, anstatt wegzusehen. Wenn wir das tun, geschieht etwas ganz Wunderbares: Die Schatten verlieren ihren Schrecken – und mehr noch, der Schatten kann sogar dein größter Freund werden. Einer meiner Lehrer, Christopher Wallis, sagte: »Dunkelheit ist nur geblocktes Licht.« Und dein Licht, das wollen wir strahlen lassen.

## Die Göttin Chinnamasta und die radikale Selbstreflexion

Helfen kann dabei das Licht der tantrischen Göttin Chinnamasta. Ihre Haut strahlt wie tausend Blitze. Ihr wildes Haar umzüngelt sie regelrecht. Sie hat vier Arme, mit einem hält sie ihren abgeschlagenen Kopf, mit dem anderen ein Schwert. Sie ist mit zahlreichen Juwelen geschmückt, ihre vollen Brüste sind nackt, genauso wie ihre Yoni (»Yoni« ist das Sanskritwort für »Scheide«). Blut strömt in Fontänen aus ihrem Hals, und zwar so, dass ihr eigener Kopf das Blut trinkt, aber auch ihre zwei Gefährtinnen Dakini und Vakini. Chinnamasta ist eine der radikalen Göttinnen des Tantra und wie alle Göttinnen, die du in diesem Buch kennenlernst, eine der zehn tantrischen Weisheitsgöttinnen. Die Beschreibung ihrer Form mag zunächst einmal schreckenerregend sein. Aber weißt du, was das Faszinierende an diesen furchterregenden Badass Goddesses ist? Beschäftigt man sich näher mit ihnen, entdeckt man eine warme Präsenz, eine liebevolle Fürsorge.

Es gibt viele Legenden, wie Chinnamasta in die Welt kam. Eine der populärsten ist, dass sie aus der Göttin Parvati, der Ehefrau des Gottes Shiva, entstand, als sie Sex in der sogenannten umgekehrten Stellung hatten, also Parvati oben, Shiva unten. In der Ekstase des Orgasmus verwandelte sich Parvati in Chinnamasta, und gleichzeitig entsprangen aus ihr Vakini und Dakini, ihre Töchter und ab sofort Begleiterinnen. Als die drei auf dem Weg zu einem Fluss waren, um zu baden, quengelten Dakini und Vakini: »Wir haben Hunger, Mutter!« Mit einem Lächeln köpft sich Chinnamasta selbst und gibt ihnen, aber auch sich selbst von ihrem Blut zu trinken. Wenn du jetzt denkst: »What the fuck, sie köpft sich selbst? Warum tötet sie sich?«, kann ich dich beruhigen: In den Erzählungen setzt sie sich danach den Kopf wieder auf, und die drei ziehen weiter.

Ich liebe das Bild und die Energie von Chinnamasta, wenn es um Weiterentwicklung geht. Denn nur wenn wir uns mit der gleichen Intensität und Radikalität uns selbst stellen, kommt fundamentaler Wandel. Nur wenn du unerschrocken und radikal deine Vorstellungen von dir selbst köpfst, entstehen dadurch der Fluss und die Kraft, dich wahrhaft zu nähren und ein Leben zu leben, das nicht von alten Paradigmen bestimmt ist.

## Deiner Ängste und Scham bewusst werden

Ein Schritt, freier zu werden und uns aus beschränkenden Rollen zu lösen, ist die Konfrontation mit der eigenen Scham. Scham und Angst sind die bestimmenden Faktoren, die uns daran hindern, alte Pfade zu verlassen und zu wachsen. Zu meiner größten Scham habe ich 2019 eine Podcastfolge aufgenommen. Die Folge ist sehr kurz. Mehrfach ringe ich im Podcast mit den Worten und auch mit Tränen, aber sie war ein echter Befreiungsschlag für mich. Einer, der nicht nur mich befreit hat, sondern mit dem sich auch viele identifizieren konnten: Über 300 Frauen schrieben mir nachfolgend. Mir wurde zum ersten Mal richtig in der Tiefe bewusst, wie viele Frauen meine Geschichte, meine Probleme, meine Muster und Ängste teilen.

In der Folge erzähle ich, wie es für mich damals war, wegen meines Äußeren fertiggemacht zu werden. Meine Spitznamen waren »Monsterfraggle« oder einfach auch nur »die Hässliche«. Ich trug eine riesige Brille, die wegen meiner starken Kurzsichtigkeit die Augen verkleinerte, meine Haut war unnatürlich weiß bis auf einige Pickel, die Nase mehrfach gebrochen. Ich kämmte mir die Haare ins Gesicht, um mich zu verstecken. Meine ganze Haltung war darauf ausgerichtet, nicht gesehen zu werden oder schnell zu flüchten, bevor ich verletzt werden konnte. Erfolglos. Ich erinnere mich gut daran, wie ich gerade mein Pflegepony spazieren führte, als eine Gruppe Jungs mich auf der Straße stoppte. Sie umzingelten mich, und der Anführer fragte: »Sag mal, bist du so hässlich oder trägt du eine Maske?« Nicht der einzige Vorfall dieser Art. Ich wurde bespuckt, mit Steinen beworfen und in den Bauch geschlagen. Ich hatte zu diesem Zeitpunkt niemanden, der dies auffangen konnte. Dabei sehnte ich mich nur nach Sicherheit, Liebe und Anerkennung. Ich kam viel zu früh in Kontakt mit Sexualität und lernte daher, meinen Körper gegen die kurzfristige Illusion von Liebe und Nähe einzutauschen. Mit meinem sich verändernden Aussehen wuchs das Interesse an diesem Tauschgeschäft, und zu den verletzenden Worten gesellten sich nun auch noch »Schlampe«, »Fotze«, »Drecksau« und Schlimmeres. Ich schämte mich so unglaublich dafür, dass ich lange Zeit, sogar als Yogalehrerin, noch dachte, nie bekannter werden zu dürfen, sonst käme das nachher noch heraus! Aber sollten solche Erlebnisse, die in tiefem Schmerz und einer unglaublichen Verletzung gründen, uns bestimmen? Nein! Mit dem Podcast befreite ich mich selbst, indem ich es aussprach und in einen Kontext setzte. Ich nahm meiner Scham und der damit verbundenen Angst ihren Schrecken.

## Die Kraft der radikalen Selbstbefragung

Die Kraft zur Ehrlichkeit gab mir die radikale Selbstreflexion, die tatsächlich auch ein Teil des tantrischen Weges ist. Diese Form der prüfenden, absolut ehrlichen Selbstbefragung gehört zum Praxiskanon der Upayas, der »vier Wege der Befreiung« im Tantra, genauer gesagt zu Shakta Upaya. »Upaya« bedeutet »Weg, Zugang, Methode«, und zwar, um folgendes Ziel zu erreichen: das Gefühl und Bewusstsein, in Freiheit ein Fundament in sich selbst zu haben. Wie Bettina Bäumer in einer Abhandlung über die Upayas schreibt: »In sich selbst gegründet zu sein, ohne etwas aufzugeben, zu entsagen oder in Besitz zu nehmen. (...) Im eigenen Selbst gegründet zu sein (...) die völlige Einheit mit der göttlichen Freiheit.«

Ein freies In-sich-selbst-gegründet-Sein – die Worte berühren mich jedes Mal tief. Im Shakta-Upaya-Weg arbeitest du unter anderem mit deinem Verstand und deinen Emotionen. Genau das möchte ich in diesem Buch mit dir tun, in diesem Kapitel, verbunden mit der Kraft der radikalen Ehrlichkeit von Chinnamasta.

## **ÜBUNG:**
## SCHAM UND ANGST EINGESTEHEN

Mach es dir bequem, zünde eine Kerze an und schaff dir einen sicheren Rahmen. Es ist wichtig, dass du dich wohlfühlst. Nimm dein Schreibwerkzeug, das kann ein Laptop, aber es können auch ganz klassisch Stift und Papier sein. Schließe zunächst die Augen und atme neunmal tief über den Mund ein und aus. Sage dir noch einmal, dass du absolut sicher bist und niemand diese Worte lesen wird, wenn du es nicht willst. Dann gehe zurück zu Erlebnissen, bei denen du dich geschämt hast. Schreibe die Antworten auf die folgenden Fragen auf und sei dabei bitte absolut ehrlich mit dir. Du kannst dir gern ein Bild von Chinnamasta im Internet suchen und es vor dich stellen. Wenn du magst, kannst du die Göttin bitten, dir Kraft für die radikale Selbstbefragung zu schenken. Wenn dir das zu albern vorkommt, stell dir die Kraft vor, die Chinnamasta hatte, um sich selbst zu köpfen, so sehr ist sie willens zu nähren. Dann beantworte folgende Fragen und halte dabei nichts zurück. Stell dir vor, meine Hand ruht dabei zwischen deinen Schulterblättern und stützt dich. In meinem Herzen tue ich genau das, jetzt, während ich diese Zeilen schreibe. Wir sind zusammen auf dieser Reise, du bist nicht allein. Nun antworte mit absoluter Ehrlichkeit:

- Wofür hast du dich geschämt?
- Was für ein Bild hast du dazu im Kopf?
- Wie hat sich der Schmerz dazu angefühlt?
- Fühlst du ihn noch heute?
- Wo in deinem Körper wohnt die Scham?
- Welche Ängste befeuern diese Scham?
- Wie hält sie dich heute noch zurück?
- Wie würdest du ohne die Scham leben?
- Wie würdest du dich ohne die Scham fühlen?

Es geht auf der nächsten Seite weiter →

Schließe die Selbstbefragung mit einem Dank an dich für deinen großen Mut, dich selbst auch im Schatten zu sehen. Wenn du magst, schließe an die Selbstbefragung nun die Fragen nach deinen Ängsten an. Alternativ kannst du dir die Ängste an einem anderen Tag ansehen, wenn du eine Pause brauchst.

Wie oben beschrieben, atmest du tief und verbindest dich mit deiner inneren Stärke:

- Was ist deine größte Angst?
- Wie alt bist du, wenn du diese Angst fühlst?
- Wann hast du sie zum ersten Mal gefühlt?
- Wovor möchte dich die Angst schützen?
- Inwiefern hält dich deine Angst zurück?

Lass die Ergebnisse ein paar Tage ruhen, geh mit den Gedanken an die Fragen spazieren oder bewege sie im Kopf, wenn du die Wohnung aufräumst oder die Zähne putzt. Wann immer dir etwas Neues dazu einfällt, schreibe es auf.

Nach einer Woche lies dir die Aufzeichnungen durch und gehe in die Verhaltensanalyse:

- Wie begegnest du deiner Scham und deinen Ängsten?
- Was sind deine Mechanismen, um diese in Schach zu halten?

Liste alle auf, auch wenn sie peinlich sind. Welche Möglichkeiten würden sich bieten, wenn du dich anders verhieltest?

Schreibe all diese Möglichkeiten gesondert auf und hänge sie für einige Wochen als Erinnerung gut sichtbar in deinem Zuhause auf. Du kannst auch hier gern Handlungen festlegen, und seien sie noch so klein, die deine neuen Möglichkeiten jeden Tag etwas mehr stärken.

## Du brauchst kein Higher Self und auch keine beste Version von dir selbst

Was mich am Tantra lang anhaltend begeistert, ist die grundsätzliche Annahme, dass Körper, Seele und Geist eben nicht getrennt sind, sondern gemeinsam zu einem einzigartigen Interface miteinander verwoben sind. Alles, was du bist, ist Ausdruck von Shakti. Nicht Teil eines Göttlichen, sondern du bist göttlich. Wenn du jetzt denkst: »Ah, Sandra mit dem Göttlichkeitsgesäusel«, dann ersetze das Wort »göttlich« einfach durch »Teil eines Großen« oder »Universum« oder was auch immer du magst. Es ist nicht wichtig, welche Begriffe du benutzt. Viel wichtiger ist, dass die Ideen, die ich dir hier vorstelle, dich in deinen Strukturen berühren und in dir arbeiten.

Die Haltung, durch und durch eins zu sein, sich im Gesamten wahrzunehmen und in sich zu Hause zu sein, ist fundamental unterschiedlich zu dem, wie wir aufgewachsen sind. Uns wurde eine elementare Trennung von Körper und Geist vermittelt. Der Körper wurde und wird teils noch als eine Art Maschine gesehen, die nicht so viel wert ist wie unser Verstand, unser Geist, unser Denken. Selbst in der spirituellen Welt schlägt sich dies nieder: In vielen Strömungen streben wir nach dem »Higher Self«, das Ego ist eine Art Dämon, das an allem schuld ist, der Körper ist vergänglich und nur ein Vehikel. Gleichzeitig wachsen wir in einem Umfeld auf, das ein schier unermessliches Anforderungspotenzial an den Körper hat, insbesondere an den weiblichen Körper. Dabei ist es egal, wie du aussiehst, irgendjemandem wirst du es sicher nicht recht machen. Für ein Foto, das ich auf Instagram poste, bekomme ich Komplimente, aber auch negative Kommentare. Für manche bin ich körperlich schon »zu viel«, also zu dick für die Ästhetik der betreffenden Person, andere finden genau das an mir toll. Für manche bin ich zu künstlich, für andere schön. Ich habe aufgehört, mich dabei im Außen zu orientieren, denn ich kann nicht für die Meinung anderer leben.

Wie wäre es also, wenn wir anfingen, es uns selbst recht zu machen? Ich erlebe gerade in Deutschland oft, dass sich Frauen dies nicht erlauben können. Ich habe das Gefühl, dass insbesondere Frauen mit einem starken »Das macht man nicht«-Gedanken aufgewachsen sind, dass sie sich schämen, ihrer Weiblichkeit Ausdruck zu verleihen, und die Gesellschaft es lieber sieht, wenn sich Frauen in Neutralität, Kleinmachen und die Ablehnung ihres Körpers flüchten.

## The Roof is on Fire

Der erste Schritt, diese Neutralität zu durchbrechen, ist das Ersetzen der Gedankenmuster zum Körper durch eine gesündere Einstellung. Im Tantra gibt es beispielsweise den Ansatz, die sogenannten Vikalpas – das sind unsere Gedanken, Einstellungen und unser Weltbild –, durch Shuddha Vikalpas zu ersetzen, eine Art sauber geputztes Weltbild.

In unserem Fall wäre der erste Schritt, die Scham durch den Gedanken zu ersetzen, dass dein Körper in seiner Individualität wahnsinnig schön und eine absolut unglaubliche Manifestation von Shakti ist. Einfach weil er da ist! Du bist eine einzigartige Form. Es wird niemals wieder jemanden wie dich geben. Ist das nicht eigentlich sehr, sehr schön und – bunt? Das heißt nicht, dass du nun jeden Tag aufstehen und denken musst: »Potzblitz! Heute zeige ich Bella Hadid, wo der Frosch die Locken hat!« Du musst dich nicht immer wunderschön finden, du darfst Stellen an deinem Körper sogar auch ausgesprochen doof finden. Das ist normal. Aber die Scham, das Verstecken, das Sich-nicht-Erlauben, sich weiblich zu fühlen, das darf sich verabschieden.

Mir hat dabei am Anfang eine Meditation und Visualisierung geholfen, die ich aus dem Vijnana-Bhairava-Tantra, Vers 52, abgeleitet habe. Hier der Originaltext: »Man soll darüber meditieren, dass die Burg des eigenen Körpers vom Feuer der Zeit verbrannt wird, aufsteigend vom (rechten) Fuß. Am Ende erlangt man den Zustand des Friedens.«

Verschlüsselt wird hier eine Meditations- und Visualisierungspraxis beschrieben. In der Originaltechnik stellst du dir ein rituelles Verbrennen deines Körpers und deiner Annahmen über dich selbst vor. Diese Deha Shuddhi genannte Visualisierung sorgt für den Beginn der persönlichen Verwandlung und die Bereitschaft, sich selbst neu zu erschaffen.

Bevor wir aber mit meiner abgewandelten Version von Deha Shuddhi beginnen, bedarf es zunächst der Identifizierung deiner bisherigen Vorstellungen von deinem Körper, damit du diese in ein reinigendes Gedankenfeuer werfen kannst.

## ÜBUNG:
## GEDANKEN SAMMELN

Stell dich nackt vor einen Spiegel. Sieh dich ganz in Ruhe an, aus jedem Blickwinkel. Nimm deine Gedanken wahr, die aufpoppen, und schreibe sie auf. Stell dir vor, dass du Dokumentarfilmerin deines Verstandes bist und dir Notizen machst, was der Geist da so vor sich hindenkt. Du nimmst einfach auf, schreibst auf, schaust dich weiter an.

Zieh dich dann wieder an, nimm deine Notizen und frage dich:

- Wann bin ich getriggert, in Bezug auf meinem Körper?
- Betrifft es bestimmte Körperstellen oder bestimmte Aussagen?
- Was triggert mich an anderen Frauen und warum?
- Was hat mir meine Familie zum Körper vermittelt? Meine Mutter? Mein Vater?
- Welche Körperbereiche sind mit Scham behaftet?
- Wo und in welchen Situationen traue ich mich nicht, mich mit meinem und durch meinen Körper auszudrücken?

Lies dir deine Antworten gut durch, bevor du weitermachst.

Wenn du dir alles noch einmal genau durchgelesen und deine bisherigen Vorstellungen von deinem Körper identifiziert hast, gehst du zur nächsten Übung über, meiner abgewandelten Version von Deha Shuddhi.

## ÜBUNG:
## BECOMING A MOTHERFUCKING PHOENIX

Setz dich ruhig und bequem hin, die Beine sind überkreuzt.

Der Atem ist weich. Kontrolliere ihn nicht, lass das Atmen einfach nur geschehen. Ein sanfter Atem, der einströmt und in der Basis des Herzens ruht. Stille. Ein Ausatmen, das aus der Basis des Herzens in die Welt geht.

Lass nun langsam und sehr soft deinen Verstand und dein Bewusstsein im Herzen ruhen. Expandiere den Raum mit jedem Einatmen.

Stell dir nun vor, wie sich ein klitzekleiner Funken im rechten großen Zeh entzündet. Es ist kein natürliches Feuer, sondern ein aus sich selbst heraus lebendiges und warmes Feuer. Eher Licht als nur Hitze, denke an einen Sonnenstrahl an einem heißen Tag.

Es kitzelt ein bisschen, wenn dieses Feuer vom rechten Fuß in den linken überspringt. Warm fließt das energetische Feuer deine Beine hinauf. Ebenso warm füllt es nun dein Becken.

Vielleicht hast du hier eine Traurigkeit sitzen oder auch ein Glücksgefühl? Egal, was es ist: Das Licht nimmt es lebendig umhüllend in die Mitte, lässt alles ganz da sein, bis jedes Gefühl in dem Feuerlicht aufgeht.

Lass das energetische Feuer wie flüssiges Gold weiterfließen, über die Arme, die Schultern, den Rücken füllen. Es fließt weiter über den Hals, den Kopf, bis es deinen ganzen Körper wie mit warmem, flüssigem Gold erfüllt.

Es geht auf der nächsten Seite weiter →

Nimm nun all deine Sätze, die du geschrieben hast, all deine Vorstellungen, deine Scham, deine Angst hinsichtlich des Körpers und gib sie mit einem Lächeln in das Feuerlicht hinein.

Zum Schluss gib dich selbst in das Feuerlicht. Vollständig. Sobald du das tust, wirst du immer durchscheinender. Du und das Feuer, ihr verschmilzt, es leuchtet hell auf und gefühlt bist du nun nur noch in deiner Essenz ganz da. Dieses Gefühl von »ich«, das seit Anbeginn deines Seins existent ist. Das, was nie sterben kann, weil es noch nie geboren wurde.

Um dich herum wirbelt der Staub alter Selbstbilder, Storys, Gedankenkonstrukte. Mit einem sanften, leisen Ausatmen hauchst du diese wie Wind in den unendlichen Raum.

Verweile einen Moment in der Stille.

Stell dir nun vor, wie in der Mitte deines Ichs ein kleiner Punkt zu leuchten beginnt. Welche Farbe hat er für dich? Ein sprühender, wunderschöner Funken im Zentrum deines Seins. Stell dir nun vor, wie aus diesem Funken eine breite Säule aus Licht wird.

Wenn du das nächste Mal etwas tiefer einatmest, sendet dieses wunderschöne Licht in der Mitte Verästelungen aus, verzweigt sich von den Zehenspitzen bis zu den Fingerspitzen. Eine kristalline Struktur, die den Körper erfüllt. Wenn du einatmest, lässt sie dich von innen heraus leuchten.

Stell dir nun vor, wie sich dieses komplexe Geflecht aus Licht zu deinem Körper verdichtet. Dein physischer Körper als Verschmelzung aus Licht.

Lass mit jedem Einatmen deinen Körper manifester werden. Jedes Einatmen ist ein Ja zu diesem Körper, jedes Ausatmen ein Ja von dir zu dieser Form.

Es geht auf der nächsten Seite weiter →

Langsam bringst du die Hände auf die Oberschenkel, neigst das Kinn zur Brust. Ein liebevolles Lächeln liegt im Raum hinter deinen Augen.

Öffne ganz zart deine Augen.

Wenn du nun auf deinen Körper blickst, möchte ich dich einladen, liebevoll auf dich zu blicken, deinen Körper als etwas einfach Wunderschönes wahrzunehmen, als eine treue Gefährtin in diesem Leben. Vielleicht kannst du heute mit sanftem, liebevollem Blick auf deinen eigenen Körper schauen mit der Intention, dass du das bist, was wir uns heute vorgestellt haben: eine verdichtete Version von Licht. Und ich lade dich ein, dich für die Möglichkeit zu öffnen, dass es auch in deinem Fall keinen Fehler im Universum gibt und dass diese Gefährtin der absolut perfekte Ausdruck von dir in diesem Leben ist. Falte langsam deine Hände zusammen. Mit einer inneren Haltung von Verehrung an dich selbst, eins mit dem Leben selbst, verneige dich nach innen.

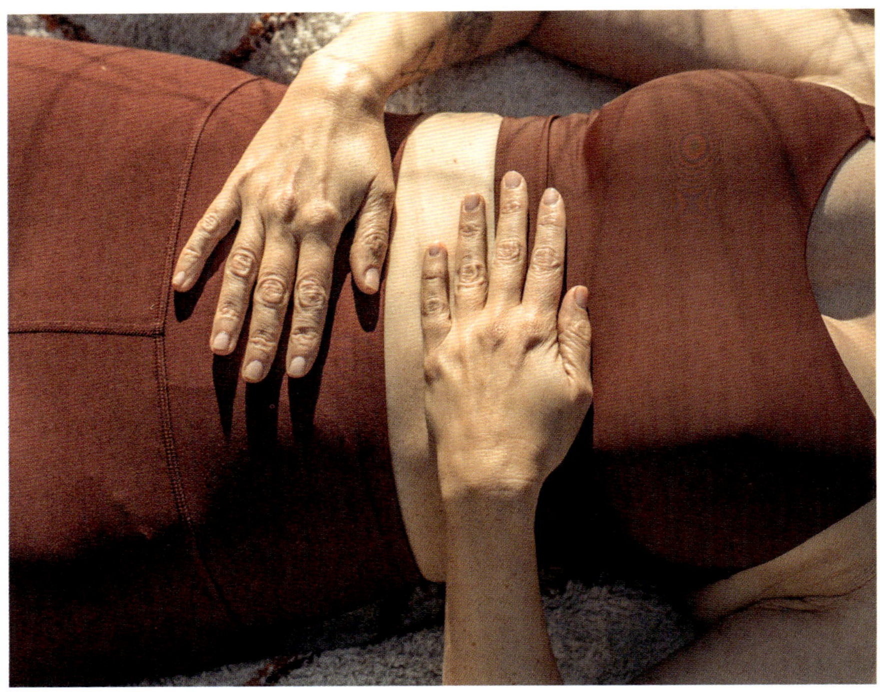

## Auf einen Tee mit meinem Dämon

Ich saß auf einem Kissen. Vor mir ebenfalls ein Kissen. Ich war vollkommen allein in dem Raum. Okay, zwei schnarchende Hunde sonnten sich auf ihren Liegeplätzen. Ich wandte mich dem Kissen gegenüber zu und fragte laut: »Was willst du von mir?« Du fragst dich, ob ich komplett den Verstand verloren hatte? Nein. Ich befand mich in einem Meeting: Ich traf meinen Dämon. Das Dämonenfüttern ist eine Technik, die die buddhistische Lehrerin Tsültrim Allione aus dem tantrisch-buddhistischen Chöd-Ritual entwickelt hat. Das eigentliche Chöd-Ritual braucht unter anderem Utensilien wie eine Knochentrompete aus einem menschlichen Oberschenkel sowie die Visualisierung einer blauen Göttin, aber Tsültrim Allione hat es für uns westlich zivilisierte Menschen etwas einfacher gestaltet.

In dieser Meditation gibst du deiner Angst oder vielleicht auch einer aktuellen Situation eine Gestalt und befragst sie: Was brauchst du von mir? Wie wirst du dich fühlen, wenn du dies von mir bekommst? Und dann gibst du dich ihr oder ihm als »Nahrung« hin. Als ich Tsültrim Alliones Buch gelesen habe, war ich schon nach den ersten Seiten hin und weg. Ich fand es so spannend, dass ich mich sofort an das Dämonenfüttern heranwagte. Meine Dämonin war eine Hexe wie aus Grimms Märchen: bucklig, warzig, mit bösartigen kleinen Augen. Sie war meine personifizierte Scham, mein Gefühl von Nicht-liebenswert- und Immer-auf-mich-allein-gestellt-Sein. Keckernd lachend schürte sie in einem Kessel meine Ängste. In meiner Vorstellung befragte ich sie und antwortete für sie, wozu ich den Platz wechseln musste. Ich setzte mich also auf das Kissen gegenüber und schaute, was als Antwort kam. Die Antworten waren überraschend: Sie brauchte Mut, Zuwendung und aktives Gesehenwerden.

In der Technik wandelst du dich in das, was der Dämon braucht, und fütterst ihn damit. Wie das aussieht, ist ganz unterschiedlich. Manche wandeln sich in Licht, in Flüssigkeit oder, ja, sogar in Eiscreme. Ich wurde zu einer Art Gas und damit eins mit der Dämonin. Ich war vollkommen im Prozess und meiner Vorstellung gefangen. Dann passierte etwas Seltsames. Die Schichten der warzigen Hexe fielen ab, und vor mir stand eine wunderschöne Dame in einem weißen Kleid und mit langen weißen Haaren, gleichzeitig sehr alt und doch alterslos. Eine weise Frau. Mit ihren dunklen Augen schaute sie in meine Seele, dann küsste sie mich auf die Stirn. Mit einem Segen wandte sie sich ab. Ich war vollkommen erstaunt über diese Wendung und noch erstaunter war ich, als ich in dem Buch weiterlas und dann erst entdeckte, dass sich Dämonen nach dem Füttern in Gefährten und Wegweiser verwandeln! Etwas, das ich vorher nicht gewusst hatte.

Für die ganze Technik und den Einstieg in das Thema empfehle ich Tsültrim Alliones Den Dämonen Nahrung geben (siehe Literatur im Anhang). Ich habe für mich und für den Alltag die Technik des Dämonenfütterns mit dem tantrischen Konzept der Emotionen und der neuesten Emotionsforschung gemixt. So entstand eine eigene meditative Reflexion und Visualisierung, die ich unglaublich hilfreich finde, und ich hoffe, dass sie auch dir gute Dienste leisten wird. Werfen wir aber zunächst einen Blick auf die Gefühle und Gedanken im Tantra.

## Citta – der tantrische Herz-Verstand

Im Tantra bilden Emotionen eine Schicht deines Seins. Insgesamt besteht der Mensch in der Weltsicht aus sechs Schichten. Ziel der tantrischen Praxis ist es dabei gar nicht, sich nur noch happy zu fühlen oder vollkommen gelöst von allen Gedanken und Gefühlen zu sein. Persönlich bezweifle ich, dass dies überhaupt geht. Es ist vielmehr Ziel, in sich selbst frei und nicht so sehr abhängig von den jeweiligen Schichten zu sein.

Die Schicht der Emotionen nennt sich im Tantra Citta, der Herz-Verstand. Citta ist das Zuhause von Gefühlen und Gedanken, denn beides gehört im Tantra zusammen. Das ergibt Sinn: Gedanken initiieren Emotionen und Emotionen Gedanken. Dabei sind Gedanken und Emotionen Ausdruck von Shakti, von Energie. Diese gilt es im Tantra nicht zu unterdrücken, sondern sie als Teil des Bewusstseins zu sehen. Im Pratyabijnamhrdayam-Tantra wird es selbst im ultimativ erleuchteten Zustand als unproblematisch gesehen, weiterhin zu denken: »Für die wenigen Menschen, die sich der ultimativen Realität sehr bewusst sind, wird die Selbsterkenntnis ihrer wahren Natur in diesem (denkenden) Zustand nicht unterbrochen.« Also nix mit Zur-Ruhe-Kommen des Geistes, the real shit im Tantra ist, das Bewusstsein inmitten eines Gedankensturms zu behalten.

## DIE SCHICHTEN DES SEINS IM TANTRA

Die Schichten des Seins sind in der tantrischen Weltsicht nicht klar voneinander getrennt, sie verweben sich ineinander. Vielleicht hilft dir das Bild von verschiedenen Fäden, die ineinander verwoben einen Teppich ergeben. Die Aufgabe ist es, sich nicht zu sehr mit einer Schicht zu identifizieren, sondern im Sinne von »Halte nichts fest und gebe nichts auf« die Mitte zu finden.

**Das sind die sechs Schichten:**
***Vastu*** – alles, was uns umgibt, etwa die Kleidung oder unsere Wohnung. Wenn wir uns zu sehr damit identifizieren, lassen wir uns leicht davon bestimmen und rennen materiellen Dingen hinterher, ohne zu fragen, warum. Aber auch umgekehrt wird ein Schuh daraus: Wenn du allem Materiellen entsagst oder die Wichtigkeit von Nahrung und einem Zuhause nicht anerkennst, hast du vielleicht Probleme, dich in der Welt zurechtzufinden.

***Deha*** – der Körper. Wenn du dich nur mit deinem Körper identifizierst, wirst du vielleicht Angst vor der Vergänglichkeit des Körpers bekommen. Wenn du den Körper negierst, kann es sein, dass du durch Nichtbeachtung krank wirst.

***Citta*** – unser Herz-Verstand und auch die Schicht des Egos, im Tantra einfach nur die Instanz des Ichs. »Glaube nicht alles, was du denkst und fühlst«, ist hier der entscheidende Ratschlag.

***Prana*** – die Lebensenergie. Prana-Sätze sind etwa »Ich fühle mich ausgelaugt« oder »Ich fühle mich bombastisch kraftvoll«. Auch hier gilt es, die richtige Mischung aus Beachtung seines emotionalen und gesundheitlichen Zustands zu finden und sich nicht zu stark mit Stimmungen zu identifizieren.

Es geht auf der nächsten Seite weiter →

***Sunya*** – die Leere. Der stille Ort in uns, den wir etwa in der Meditation entdecken können oder wenn du kurz davor bist, ins Traumland hinüberzugleiten. Es lohnt sich sehr, diesen Ort zu besuchen. Ausufernde Meditation kann aber zu Eskapismus führen, zur Flucht aus der Realität und vor deinen Mustern. Du stellst dich eben nicht den Herausforderungen, sondern handelst immer noch fremdbestimmt durch deine Muster.

***Cit*** – der Kern des Seins. Dein wortloses Gefühl von Ich, das von Geburt an da war und gleichzeitig aufgeht im großen Ganzen.

### Liebevolle Fürsorge für Gedanken

Im Umgang mit Gedanken und Emotionen ist es hilfreich, sich nicht zu sehr mit ihnen zu identifizieren und sie für absolut wahr zu halten, ohne sie dabei ins Abseits zu schieben. Es gilt eher, eine liebevolle Fürsorge und echte Neugierde für das, was du da so vor dich hin denkst und fühlst, zu entwickeln. Ich kann dir sagen, dass das wirklich funktioniert. Ich bin immer besser darin, nicht zu glauben, was ich denke, sondern tiefer zu forschen, warum ich dies fühle und denke, um dann bewusste Handlungen auszuführen.

Wie bringen wir nun diesen Ansatz, die Emotionen zu betrachten, mit dem Dämonfüttern zusammen? Der erste Schritt ist die Akzeptanz dessen, wie du dich fühlst, und der Wille, diesem Gefühl und diesen Gedanken wahrhaft zu begegnen. Eine Klientin hat mit der Technik ein Bild beschrieben, das mich sehr glücklich gemacht hat. Nach über 25 Jahren Ehe ist sie ohne Erklärung von ihrem Mann verlassen worden. Sie kam eines Tages nach Hause, und all seine Sachen waren aus der Wohnung verschwunden. Ein lapidarer Abschiedsbrief informierte sie über die Trennung. Jede von uns würde sich fühlen, als wäre sie vom Mähdrescher überfahren worden, oder? So ging es ihr auch. Mithilfe der Technik, Emotionen zu betrachten, ihnen eine Form zu geben und sie mit Liebe zu nähren, verwandelte sich ihre Angst, die sich wie ein kalter, grauer, dichter und sehr schwerer Stein anfühlte, in eine kuschelige, warme braune Decke. Aus Angst wurde in den Momenten der Visualisierung ein Gefühl von innerer Geborgenheit, und es gelang ihr immer öfter, sich die warme Kuscheldecke umzulegen.

Kein Zufall, wie die aktuelle Emotionsforschung zeigt. Wie Lisa Feldman Barrett in How Emotions Are Made schreibt, sind Emotionen nicht unbedingt das Ergebnis eines externen Triggers, sondern das Resultat einer Vorhersage des Gehirns: Wenn Situation A eintrifft, ist Emotion B die richtige Reaktion. Du kannst aber deiner emotionalen Beschaffenheit ganz viele neue Dimensionen hinzufügen, wenn du deinem Gehirn die Möglichkeit gibst auszuwählen, was es vorhersagen kann. Dazu empfiehlt Barrett, ganz neue, eigene emotionale Konzepte zu entwickeln, anstatt sich mit »traurig«, »ängstlich«, »glücklich« et cetera zufriedenzugeben. Jedes Mal, wenn du in der Begegnung mit der Emotion anders reagierst, gibst du dir die Möglichkeit, dich umzuprogrammieren. In der nachfolgenden Übung lernst du, Gefühle zu fassen und ihnen eine neue Struktur zu geben. Für die jeweiligen Gefühle kannst du auch eigene Worte erfinden. Die warme, weiche Kuscheldecke wäre dann etwa »die Fürsorge, wenn ich meine Angst streichle«. Ich persönlich habe erst vor zwei Tagen »das Glück, an einem freien Tag morgens mit meinem Hund Elmo und meiner Liebe im Bett zu liegen« kreiert.

## **ÜBUNG:**
## LET LOVE RULE

Bei dieser Visualisierung ist es wichtig, dass du dich vollkommen sicher, warm und geborgen fühlst. Du kannst dich dazu in dein Bett legen oder vielleicht auch mit einer warmen Decke auf dem Sofa einkuscheln. Vielleicht magst du die Worte aus der Reflexion und aus dem intuitiven Schreiben einmal vorher durchlesen, bevor du in die Visualisierung startest. Du kannst diese Übung mit deiner Angst oder deiner Scham machen oder, wenn beides zusammenhängt und sich wie eins anfühlt, mit beidem.

Es geht auf der nächsten Seite weiter →

Atme tief ein und aus, sodass sich dein Bauch dabei deutlich vorwölbt.

Beim Einatmen kannst du neugierig innerlich erforschen, wo du vielleicht Spannung in deinem Körper hältst.

Mit dem Ausatmen kannst du diese Anspannung bewusst gehen lassen.

Atme so einige Male, bis du dich körperlich weich fühlst.

Dann beobachte, wie der Atem beim Einatmen in dich einströmt. Wo stoppt er natürlich? In deinem Herzen? In deinem Bauch?

Lass diesen Ort den Fokuspunkt deiner Wahrnehmung sein, nicht deinen Kopf.

Wenn du dich an diesem Ausgangspunkt der Wahrnehmung eingerichtet hast, hol deine Angst, deine Scham oder die Situation hervor, mit der du arbeiten möchtest. Fühle den Schmerz. Lass das gesamte Spektrum zu. Dann frage dich:

- Welche energetische Richtung hat dieses Gefühl: Ist es auf- oder abwärts gerichtet? Rauscht es nach unten oder explodiert es? Blockiert es einen Bereich des Körpers?
- Wo sitzt das Gefühl?
- Welche Farbe hat das Gefühl?
- Welche Textur? Ist es beispielsweise weich oder hart? Schleimig oder kratzig?
- Welche Temperatur hat es? Ist es warm, heiß, kalt, eiskalt oder einfach nur neutral?

Versuche, dem Gefühl so detailliert wie möglich eine Form zu geben. Indem du es so neugierig betrachtest, schaffst du auch eine gewisse Distanz, eine Möglichkeit, nicht mitgerissen zu werden, sondern dir selbst zu begegnen.

Es geht auf der nächsten Seite weiter →

Stell dir anschließend eine Situation vor, in der du dich sehr geliebt und sicher gefühlt hast. Vielleicht kannst du sogar das Gefühl ganz ohne konkrete Situation hervorrufen.

Schau dir dieses Gefühl an:

- Wie sieht es aus? Ist es warmer, goldener Honig? Pinkfarbenes Gas?
- Welche Farbe, welchen Aggregatzustand hat es?

Lass dieses Gefühl dann in dein als negativ betrachtetes Gefühl hineinfließen. Lass es das Gefühl von Angst und Scham vollkommen durchtränken, lass die Liebe die Angst streicheln und umarmen.

- Wie fühlen sich Angst und Scham nun an? Beschreibe dies so detailliert wie möglich.

Schließe die Visualisierung, indem du dich bei dir selbst bedankst und versprichst, ab nun immer in dein mutiges Herz zu schauen. Dazu kannst du gern deine flachen Hände warm und weich auf dein Herz legen.

# Bhuvaneshvari – du bist von der Welt gehalten

Vast as the universe is the tiny space within the heart.
The heavens and earth are there, and the sun
and the moon and stars. Fire and lightning and wind are
there, and all that now exists, and all that is not.

**Chandogya Upanishad**

# Gehalten und berührt sein

*Tenderly she held all her broken pieces and felt profoundly one.*

**Sandra von Zabiensky**

Es war im August 2021. Ich praktizierte eine sehr langsame, sanfte Yogaübung, bewegte meinen Körper wie durch Honig. Die Luft streichelte meine Haut. Ich fühlte mich liebevoll geborgen vom Raum, der mich umgab. Meine Hände berührten nicht einfach nur die Matte, ich versuchte, Zärtlichkeit und Anmut in all meine Bewegungen zu geben. Ich floss mit meinem Sein in die einzelnen Haltungen, legte mein Gefühl von Ich nicht in den Kopf, sondern ins Herz, und ließ dies den Ausgangspunkt meiner Wahrnehmung werden. Ich spürte jeden einzelnen Impuls der Bewegungen, das Gefühl von innerer Berührung im Körper. Die Tränen liefen mir über die Wangen, und ich war unendlich glücklich. In diesem Moment wurde mir bewusst, dass ich mich vollkommen sicher in mir, in meinem Körper, fühlte. Nach Jahrzehnten kam ich heim – in mir selbst. Und dazu musste ich nichts loslassen, nichts verabschieden, sondern – genauso wie du es in den vergangenen Kapiteln getan hast – alles hineinlassen, wahrnehmen, erforschen.

## In die Geborgenheit und Ruhe kommen

Nach der Exploration, der Entdeckung und dem Sich-selbst-infrage-Stellen der vorangegangenen Kapitel dürfen wir uns nun bewusst für Geborgenheit, Wärme, Fürsorge, Raum, Zeit und Stille entscheiden. Es ist die Erlaubnis, sich selbst die Mutter zu sein, die wir vielleicht gebraucht oder uns gewünscht hätten. Ob das eine original tantrische Praxis ist? Absolut nicht. Ich möchte ehrlich mit dir sein: Für die damaligen Tantriker war das emotionale Wohlbefinden so wichtig wie ein Tüte Trockenbrot. Sie kümmerten sich mehr um die Beziehung zur Realität, die innere Freiheit und Erleuchtung. Aber das Buch ist schließlich für dich. Für eine Frau in der heutigen Zeit. Eine Frau, die sich für ihr mutiges Herz entschieden hat. Eine Frau, die dabei ist, sich selbst radikal ehrlich zu begegnen, sich zu halten und neu zu definieren. Für mich war dabei die Phase des Innehaltens unglaublich wichtig. Nach Jahren des Lernens, einer Ausbildung nach der anderen, vielen, vielen Workshops und jeden Tag Disziplin brauchte ich über zwei Jahre, um all das für mich zu verarbeiten. Um meine persönliche Note in dieses tantrische Curry zu geben, musste all das

Gelernte vor sich hin köcheln und dann ruhen, damit es so richtig tasty wurde. Die stille Geborgenheit und die Ruhe dafür fand ich in der tantrischen Göttin Bhuvaneshvari.

## Bhuvaneshvari – die Mutter des Universums

Bhuvaneshvari ist für mich die tantrisch-kosmische Weltenmutter. Sie ist »die, die die Welt umsorgt«, wie einer ihrer Namen sie betitelt. Sie lässt das Universum entstehen, gleichzeitig ist das Universum ihr Körper. Im Sanskrit gibt es das Wort Prakriti, das häufig mit »Materie« gleichgesetzt wird. Sally Kempton übersetzt es in ihrem Buch Awakening Shakti allerdings so: »Im Sanskrit wird diese kosmische, fruchtbare weibliche Energie Prakriti genannt. Kriti bedeutet machen oder erschaffen. Pra bedeutet davor. Prakriti ist also die Matrix der Shakti vor der Schöpfung.« Das ist für mich Bhuvaneshvari: eine fruchtbare, weibliche, mütterliche Energie, aus der alles entsteht und in der alles liebevoll gehalten ist. Sie ist aber nicht nur die »Mutter« der Kreation, sondern auch der Raum, in dem ihre Kreation existiert. In vielen Büchern wird das Bild der Spinne als Analogie genutzt: Wie eine Spinne aus sich selbst heraus ihr Netz webt und dann in diesem sitzt, webt Bhuvaneshvari den Kosmos und ist gleichzeitig in der Schöpfung präsent. Kurz gesagt: Bhuvaneshvari ist alles und hält alles in sich.

Wenn ich das Gefühl beschreibe, das ich habe, wenn ich mit Bhuvaneshvari praktiziere, dann fühlt es sich an, als würde mein Inneres wie eine weiße Seidendecke in der Morgensonne von sorgsamen Händen glattgestrichen werden. Es ist ein Gefühl von Absolut-okay-Sein, jegliche mögliche Aufgewühltheit ist nur Teil der Ordnung. Ich fühle die Energie von Bhuvaneshvari, wenn ich am Strand auf meinem Lieblingsstein sitze, dem Meer zusehe, wie es sich kontinuierlich ändert und doch immer da ist. Dann wird der Sanskritsatz »Sarvam Sarvatmakam« – alles ist mit allem verbunden – auf einmal etwas, das ich nicht mehr mit dem Verstand, sondern auf einer wortlosen Ebene begreife. Bhuvaneshvari fühle ich, wenn ich in einem Wald stehe, die Augen schließe und die Bäume nicht mehr einzeln wahrnehme, sondern als miteinander verwoben mit den Pilzen, den Vögeln und den Tausenden von anderen Organismen. Bhuvaneshvari ist da, wenn alles lebendig wird, selbst die Luft, die du atmest, und die Natur nicht mehr getrennt von dir existiert. Vielleicht hast du dieses Gefühl auch schon einmal erlebt.

## Ihr Körper ist die Welt

Keine andere Göttin der zehn Weisheitsgöttinnen im Tantra wird so sehr mit der Erde und den fünf Elementen assoziiert wie Bhuvaneshvari. Sie verkörpert all das, was die Welt ausmacht, wie auch ihre anderen Namen, »Herrin der Welt« oder Sarvarupa, »sie, deren Form alles ist«, andeuten. In der Ikonografie wird sie wunderschön, häufig gütig lächelnd, auf einem Lotus sitzend und mit goldener oder roter Haut dargestellt. Zwei ihrer vier Hände formen Mudras, also heilige Handhaltungen, für »Fürchte dich nicht« und »Erhalte meinen Segen«. Sie ist mit Juwelen geschmückt, ihre Figur ist kurvig, mit vollen Brüsten, die in der Symbolik für die nährenden Qualitäten stehen. Ebenso berühmt wie ihr gütiger, liebevoller Blick ist ihre unglaubliche Schönheit. Diese Schönheit kann als Affirmation der Schönheit der Schöpfung interpretiert werden, und das ist es, was ich am Tantra, so wie ich es entdeckt habe, liebe. Es zelebriert das Universum, das Sein in den unterschiedlichsten Formen. Es geht nicht darum, in irgendwelchen höheren Sphären abzuhängen, sondern darum, das Wunder der Kreation in jeder Sekunde zu sehen. Bhuvaneshvari ist die Göttin, der du all deine Ängste und Sorgen sicher anvertrauen kannst. Einer ihrer Namen betitelt sie als »die, die die bösen Kräfte kontrolliert«. Diese Kontrolle erlangt sie nicht durch Kampf, sondern durch eine liebevolle Umarmung, in der sie alles halten kann, genauso wie du es in den Kapiteln zuvor gelernt hast.

Die mütterliche, fruchtbare Energie und das gleichzeitige Raumlassen und Stillwerden sind jedoch kein Bild, das uns als erstrebenswert verkauft wird. Aber wir benötigen auch den Raum und die Zeit, um unsere Inspiration und Kreation wachsen zu lassen. Bestes Beispiel dafür ist derzeit meine Arbeit an dem Buch. Bis heute hatte ich eine massive Schreibblockade im Kopf, die sich wie eine dicke, fette Nacktschnecke in mein Hirn gesetzt und genüsslich sämtliche Worte gemümmelt hat. Ich saß so oft vor dem Bildschirm, tauchte ein in die Energie von Bhuvaneshvari, fühlte mich ganz eins und dann kam – nichts. Warum? Weil es nicht reicht, in etwas nur kurz hineinzudippen, wie ein großer Zeh, der die Wassertemperatur prüft. Bhuvaneshvari ist keine Quick-Fix-Lösung, sondern die Göttin oder die Archetypin, die dich auffordert, dir Raum zu geben für das, was du erschaffen möchtest, und die alles in diesem Raum verbindet. Und das ist es, was du in diesem Buch tust: Nach dem Innerlich-auf-links-Drehen geht es in den nächsten Kapiteln darum herauszufinden, wie du deine Weiblichkeit leben möchtest. Und dafür braucht es Raum zum Zuhören, denn die Ideen dazu müssen in dir wachsen können wie ein Baby.

## Bhuvaneshvari-Energie und Spiritual Pleasure

Für mich ist Bhuvaneshvari »Spiritual Pleasure«, der Genuss des Sich-Zeit-Nehmens, der inneren Berührung, der Geborgenheit und das warme Gefühl von Zugehörigkeit zu etwas Größerem. Ein Gehaltensein von der Energie, die ganze Universen umsorgt. Ich nutze hierfür gern das englische Wort pleasure, da es mehrere Gefühle in einem Begriff vereint: Genuss, Vergnügen, Freude und Lust.

Wenn das für dich alles zu esoterisch ist, dann denke einfach an das Gefühl, das in dir entsteht, wenn du dich in einer Gemeinschaft absolut angenommen fühlst: Es fühlt sich innerlich warm, wohlig und friedlich an, und es wird ganz ruhig in dir. Wenn du mit dieser Energie praktizierst, ist es, als flüsterte der Raum um dich herum leise: »I've got you, Honey«, als stützte er dir sanft den Rücken, genau an der Rückseite deines Herzens. In diesem Kapitel darfst du vollkommen aufgehen in diesem Halt. Du gibst dir die Erlaubnis, die Umarmung anzunehmen, die das Leben uns bietet. Der Glaube an ein solches Gehaltensein ermöglicht es, Verbundenheit zu fühlen und die Fokussierung auf sich selbst zu lockern.

Spiritual Pleasure ermöglicht dir damit, das Ego wieder zu dem werden zu lassen, was es laut Tantra ist: eine Instanz, die dir hilft, dich in der Welt zurechtzufinden. In den sogenannten 36 Tattvas im Tantra – den 36 Begriffen, die die weltliche Ordnung beschreiben – wird es als Ahamkara bezeichnet: der Ich-Macher. Indem du eine Vorstellung über dich selbst in der Welt und über die Welt hast, kannst du dich in ihr sicher bewegen. Wäre das nicht der Fall, wärst du schlichtweg nicht lebensfähig: Du könntest beispielsweise nicht die Toilette erkennen und würdest ständig gegen irgendetwas laufen, weil du keine Vorstellung von dir im Raum hast. Das Ego kann allerdings auch ein Gefängnis werden, wenn wir unsere Annahmen über uns selbst und die Ansichten, die wir zur Welt haben, vorbehaltlos glauben oder noch mehr: wenn wir unsere Sichtweise der Dinge als absolute Wahrheit ansehen.

## Das Leben in Mauern: Meine Zwangsstörung

Wie sich das anfühlt, habe ich jahrzehntelang selbst erlebt. Die Zwangsstörungen fingen an, als mein Leben so unsicher war, dass ich mich mehr und mehr in mich zurückzog. Mein Leben war so chaotisch, dass mir mein Unterbewusstsein Struktur verschaffte – durch zwanghafte Handlungen. Als Kind musste ich etwa mit dem rechten Fuß auf einen Stein treten, auf den ich zuvor mit links getreten war. Eine Wasserflasche aus dem Wasserkasten zu ziehen, war schier unmöglich: Ich dachte, wenn ich die »falsche« Flasche erwische, bringt es Unglück. In meiner Vorstellung konnte Schlechtes jeden Moment wieder passieren, und es lag an mir und meinen Entscheidungen, das zu verhindern.

20 Jahre später sah es nicht besser aus: Ich musste alle Kaffeetassen im Schrank anfassen, um zu erfühlen, welche sich »richtig« anfühlt, sonst würde es Unglück bringen. Das Gleiche mit Unterhosen, Taschen, Kleidung, ach, fast mit allem. Ich wusste rational, dass es eher unwahrscheinlich ist, dass mir die apokalyptischen Reiter begegnen, wenn ich die rosafarbene statt der roten Unterhose wählte. Dennoch konnte ich nicht anders. So fest hatte sich die Zwangsstörung verankert, in der mein Handeln in meiner Vorstellung weitreichende Auswirkungen hatte.

Ich würde nicht unbedingt sagen, dass dies nun ein Ego-Problem war. Aber die Ich-Instanz in mir hat sich damit stark identifiziert. Ich nahm das obsessive Verhalten hin, denn »so war ich eben«. Erst durch Tantra habe ich gelernt, diesen Glaubenssatz grundsätzlich infrage zu stellen. Denn die fatalistische Sichtweise, dass du nicht zu ändern bist, stimmt einfach nicht. Doch, du kannst dich ändern! Du kannst dich sogar fundamental ändern, aber das ist schwer und kostet Tränen, Wut und Kraft. Auch dauert es manchmal sehr lange. Aber es ist möglich. Mit der kontinuierlichen Praxis der radikalen Reflexion, der Emotionsarbeit und des Sehens von Gefühlen sind meine Zwangsstörungen tatsächlich verschwunden.

## Trauma kennt kein Ranking

Nur manchmal, wenn es in meinem Leben wild zugeht, klopfen sie an die Tür. Meine Therapeutin hat dazu ein sehr schönes Bild kreiert: Dein Leben ist ein Bus, mit dem du durch die Landschaft fährst, und du bist der Busfahrer. Natürlich hast du auch Mitfahrer. Manche sind sehr nett, und du freust dich, wenn sie zu dir nach vorn kommen. Aber hinten, in der allerletzten Reihe, sitzen diejenigen, die wir im Rheinland »de fiese Möpp« nennen. Du wirst schon nervös und fängst an zu zittern, wenn du hörst, dass sie nach vorn kommen. Die Sache ist allerdings die: Diese Mitfahrer wirst du nie los. Ich habe dazu einen wahnsinnig schönen Satz von Matt Licata gehört: »Lass die Idee von Heilung gehen.«

Denn diese Mitfahrer bleiben vielleicht ein Leben lang da, aber wir können lernen, mit ihnen umzugehen. Uns nicht von ihnen terrorisieren und bestimmen zu lassen, sodass wir bewusst durch unsere

Lebensfahrt steuern. Dazu sind das Hinschauen und Anerkennen der Schlüssel. Ich habe beispielsweise erst kürzlich erkannt, wie tief die Verletzung des Mobbings sitzt, wie schmerzhaft es war, mir immer und immer wieder anzuhören, wie abgrundtief hässlich ich sei. Ich hatte mich zuvor sogar ein bisschen dafür geschämt, dass es mir so wehtat, und mich viel darüber lustig gemacht. Damit habe ich es abgetan und den großen Schmerz der Erfahrung negiert. Dabei kennt Trauma kein Ranking, es gibt kein berechtigtes und nicht berechtigtes Trauma. Es sind nicht die äußeren Charakteristika eines Ereignisses, die ein Trauma bestimmen, sondern innere, etwa ein extrem hoher Stresslevel und ein Gefühl von Hilflosigkeit in der Situation. Ein Unfall, ein Missbrauch, der Verlust einer geliebten Person oder eine Enttäuschung im Berufsleben können also alle gleich traumatisch sein. Für mich hat sich damals jeder Tag wie ein Überlebenskampf angefühlt, und den Schmerz, den ich dabei fühlte, gibt es immer noch in meinem Herzen.

### Wenn Frausein sich nicht sicher anfühlt

Den Raum zu fühlen und ein Gefühl von Sicherheit zu entwickeln, gerade hinsichtlich der eigenen Weiblichkeit, ist sehr wichtig für uns Frauen. Häufig haben wir dies jedoch nicht von Haus aus mitbekommen. Unsere Mom ist unser erstes weibliches Role Model und hat uns in unserer Entwicklung geprägt. Wenn du beispielsweise wie ich über 40 bist, ist die Wahrscheinlichkeit hoch, dass du mit einer Mutter aufgewachsen bist, deren Mutter wiederum den Zweiten Weltkrieg in ihrer Kindheit erlebt hat. Massive Traumata wurden über Generationen weitergegeben, auch an deine Mutter. Meine Mama war zudem gerade einmal 21 Jahre alt, als sie mich bekam. Damals normal, heute eher selten. All das führt dazu, dass deine Mutter dich mit Sicherheit sehr geliebt und ihr Bestes gegeben hat. Aber eventuell hat auch sie das Trauma, das sie erlebte, an dich weitergegeben. Das passiert nicht bewusst und hat nichts mit ihrem Gefühl für dich zu tun, kann dich aber stark beeinflussen. In welcher Form dies passiert, ist unterschiedlich, etwa durch die Weitergabe von Vorstellungen, wie Frauen zu sein haben, über das Vorleben einer Partnerschaft, in der Frauen nicht gewürdigt werden, oder durch emotionale Unnahbarkeit. Es kann aber auch passieren, dass du alles, was dir vorgelebt wurde, ablehnst und du auf keinen Fall so werden möchtest wie deine Mutter. Dabei wird dann Weiblichkeit negiert, weil die Mutter als erste Orientierung als so abschreckend empfunden wird. Eine Freundin von mir hat eine solche tiefe Wunde. Sie wurde von ihrer Mutter so vernachlässigt, dass das Jugendamt einschreiten musste. Sicherheit war etwas, das sie nie kennengelernt hat. Aus ihr ist dennoch eine extrem erfolgreiche, strahlende und großartige Frau geworden, die sich zudem um andere kümmert und ihnen aktiv hilft.

Ich habe es aber auch erlebt, dass durch die tiefe Verletzung das Frausein abgelehnt wird. Du arbeitest dann beispielsweise lieber mit Männern, machst vielleicht sogar mal den einen oder anderen Frauenwitz, hast das Gefühl, im Wettbewerb mit Frauen stehen zu müssen, und so weiter. Es kann sich äußern, indem du das lustvolle Weibliche ablehnst oder auch die Zielstrebigkeit und weiblichen Erfolg. Es ist letztlich egal, wie es sich äußerst, denn die Grundlage ist immer gleich: das Gefühl, dass es nicht sicher und nicht gut ist, deine Weiblichkeit zu leben. Dieses Gefühl kann natürlich auch durch andere Traumata und Verletzungen entstehen.

### In die Sicherheit kommen

Aber wie kommen wir hinein in die Sicherheit? Indem wir fühlen. Indem wir uns selbst Raum geben und mit aller Fürsorge uns selbst mit Liebe beschenken. Indem du einfach okay sein darfst, und zwar so lange, bis du dich stark genug fühlst, um dich zu fragen: Was ist meine Weiblichkeit? Die Bhuvaneshvari-Energie kann uns helfen, einen sicheren Rahmen zu kreieren, um den Schmerz zu fühlen. Dieser Schmerz hat bei Frauen häufig die gleiche körperliche Stelle: das Becken. Im Tantra sitzt in deinem Becken das rote Bindu. Bindus sind im Tantra energetische Knotenpunkte, die mit bestimmten Themen verbunden sind. Das rote Bindu steht etwa für dein Dasein und Präsentsein in der Welt, für das Gefühl von Sicherheit und deine Kapazität, sinnlich, lustvoll und mit Freude dein Leben zu leben.

## Unsere weibliche Urstimme

Persönlich habe ich in meinen Workshops erlebt, dass im Becken eine Art »Urstimme« der Frau sitzt. Die unterschiedlichsten Emotionen kamen bei der Verbindung mit dem Becken und unserer Gebärmutter auf: Wut, Angst, Schmerz, Trauer, später aber auch Freude, Ausgelassenheit und Sexiness. Meine Stimme des Beckens war lange nicht zu hören, so abgeschottet war sie von der Welt. Zudem wollte ich den Beckenraum schützen. Als mir vor einigen Jahren beispielsweise eine Kupferspirale zur Verhütung eingesetzt werden sollte, bin ich schreiend auf dem Stuhl zusammengebrochen. Lange Zeit war ich auch beim Sex abgeschottet, nicht bewusst bei meinem Partner und meinem Körper, sondern in einem kleinen Raum in mir drin. Ich genoss zwar die Erfahrung, war aber gleichzeitig merkwürdig abgeschnitten von dem, was passierte.

Heute ist das anders: Ich habe mich jetzt in diesem Moment in mein Becken hineingedacht, und sofort liegt ein Lächeln auf meinem Gesicht. Es fühlt sich frei und erfüllt an, sinnlich, und ich weiß, das klingt verrückt, aber ich schwöre, es grinst. Ein Schritt, um dorthin zu kommen, ist, dem Becken eine Stimme zu geben.

## **ÜBUNG:** DEM BECKEN EINE STIMME GEBEN

Finde eine Zeit, in der du garantiert nicht gestört wirst. Du benötigst Stift und einzelne Blätter Papier. Setz dich bequem hin, aber so, dass dein Becken idealerweise mit dem Boden verbunden ist. Schließe die Augen und lege sanft deine Hände auf den Unterbauch. Ich liebe es, dazu »Faith's Hymn« von Beautiful Chorus zu hören; falls du es auch magst, lass den Song gern zur Übung laufen. Atme nun tief über den Mund in deinen Bauch ein und vollständig über den Mund wieder aus. Atme weiter tief in den Bauch und versuche, bis in den unteren Bauch, bis in das Becken hineinzuatmen. Atme so 15- bis 20-mal und denke dich dabei bewusst in dein Becken. Lass die tiefe Atmung ausklingen und den Atem natürlich fließen. Sei präsent in dir. Frage dich dann:

- Mit welcher Idee vom Frausein bin ich aufgewachsen?
- Wie hat sich dies auf mich ausgewirkt?

Und auch wenn es dir komisch vorkommt, frage dich ganz bewusst:

- Was halte ich in meinem Becken verschlossen?
- Was möchte gesehen werden?

Lass Worte, Bilder, Sätze kommen und schreibe diese auf. Wenn es schmerzvolle Dinge sind, kannst du die einzelnen Blätter noch einmal durchlesen und alle Worte, alle Gefühle würdigen. Anschließend verbrennst du sie und gibst sie in ein fließendes Gewässer. Dabei ist es besonders schön, sich vorzustellen, wie dieses fließende Gewässer deine Trauer, deinen Schmerz, deine Angst aufnimmt und sie sanft fortträgt, sie zersetzt und wieder eins werden lässt mit den Elementen.

## Freiheit und Raum zum Fühlen

Ein essenzieller Schritt, sich sicher zu fühlen, ist, Raum zu lassen für die Gefühle, für den Schmerz, für das aktive Hinsehen und Halten des Selbst. Ich möchte dir ein Beispiel geben, das mir zwar peinlich ist, dir aber vielleicht auch hilft. Letztes Jahr war ich eine Zeit lang wahnsinnig eifersüchtig. Kam eine in meinen Augen schöne Frau in den Raum oder meinem Freund und mir entgegen, beobachtete ich genau, wie er reagierte. Verhielt er sich mir gegenüber anders? Meine Sensoren waren hyperempfindlich, die kleinste Abweichung von einem intensiven mir Zugewandten war für mich Anlass, mich tief verletzt zu fühlen. Ich kannte den Mechanismus und die Eifersucht, hatte sie aber schon sehr lange Zeit nicht mehr gefühlt. Hintergrund war, dass ich mich emotional tief auf diese Beziehung eingelassen und Angst hatte, verletzt zu werden. Die Eifersucht war ein Schutzschild für mich, ein Stoppzeichen, hier nicht weiterzugehen, weil ein Teil von mir den Schmerz des Verlassenwerdens nicht fühlen wollte. War das der Situation angemessen? Nein, absolut nicht.

In der Reflexion erkannte ich, dass dieses Gefühl ein Alter hat und dieses Alter elf Jahre war. Es entsprach also der Zeit, als ich mich verlassen fühlte und gleichzeitig das Mobbing erlebte. Je nachdem, wie schön ich mich fühlte, welche »Bedrohung« da war und ob mein Partner diese Bedrohung sah oder nur mich, trat es dann in Kraft. Und wie. Mit Drama, Tränen und mich ganz, ganz klein zu fühlen; mein Queen-Gefühl war in diesen Momenten nicht mehr existent.

### In Bhuvaneshvari-Energie umwandeln

Nun ist mein Freund Franzose und liebt schöne Frauen. Seine Bewunderung muss aber nicht bedeuten, dass ich mich deshalb in meiner Selbstwahrnehmung zum Grottenolm verzwerge und nachfolgend daraus dann ableite, dass er mich garantiert verlässt. Ich habe diesen Mechanismus detailliert aufgearbeitet und reflektiert. Dabei bin ich zu einem überraschenden Ergebnis gekommen: wie süß ich dieses Verhalten meines inneren elfjährigen Kindes finde. Es versucht, mich durch die furiose Eifersucht zu schützen und direkt eine Grenze aufzuzeigen. Seitdem ich dies erkannt habe, ist meine Praxis, meine Eifersucht zu halten, sie einzupacken und zu sagen, dass es okay ist, Angst zu haben. Das ist Bhuvaneshvari-Energie.

Mit diesem Ansatz der Fürsorge verwandelt sich das Ego in eine flexible Instanz, die es dir erlaubt, auch andere Standpunkte einzunehmen und dich selbst zu halten. Mit Geschmeidigkeit lotst dich dann diese Ego-Instanz sicher durch die Welt. Es ist dabei an uns, dieses Navigationssystem immer wieder zu überprüfen und upzudaten. Alles, was du dazu brauchst, ist Hingabe an das innere Zuhören und den festen Glauben, dass du es schaffen kannst. Es ist deine Erlaubnis an dich selbst, einfach auch nur einmal sein zu dürfen, dir zuzuhören, und das leise Lächeln, wenn du den Zauber in der Ruhe entdeckst. Die Geborgenheit. Das In-sich-Halten. Die Erkundung der inneren Landschaft ohne Konzepte.

## Antara Sparsha – das Gefühl der inneren Berührung

In sich selbst Geborgenheit zu verspüren, ist für mich eng mit dem Konzept von Antara Sparsha verknüpft. Als ich zum ersten Mal von Antara Sparsha erfuhr, war ich sofort fasziniert. Es beschreibt das Gefühl der inneren Berührung: wie Muskeln sich an Faszien schmiegen, beispielsweise wenn du dich genussvoll dehnst oder auch ganz kraftvoll eine Bewegung ausführst. In beiden Fällen spürst du die Bewegung auch innen. Antara Sparsha ist aber auch das Fühlen von Energie-Impulsen im Körper: das aufgeregt hüpfende Herz, wenn man verliebt ist, oder der nach innen gesunkene Schmerz bei Liebeskummer. Ebenfalls eine innere Berührung ist das Gefühl des Einatmens, das uns in der Basis des Herzens berührt, und das innerliche Streicheln des Ausatmens, wenn uns der Atem verlässt. All das ist verbunden mit körperlichen, inneren Wahrnehmungen.

Das Konzept faszinierte mich so, dass ich wie elektrisiert begann, mich in die Selbsterforschung zu stürzen. Meine Yogapraxis stellte ich komplett um. Anstatt mit einer Idee von äußerer Form die Haltungen zu praktizieren, schloss ich die Augen, löste die Haare, sorgte dafür, dass nichts mich begrenzte, und fragte mich: Was ist die innere Qualität des Momentums der Bewegung? Was passiert, wenn ich mein Gefühl von Ich in den Bauch lege, wie praktiziere ich dann? Wo entsteht der Impuls der Bewegung? Für mich eröffnete sich eine neue Welt. Ich schreibe es dieser Praxis zu, dass ich auf einmal mit 44 in den Spagat gekommen bin. Durch die Praxis der inneren Berührung und des aufmerksamen Zuhörens habe ich gelernt, die ganz feinen Nuancen in einer Bewegung wahrzunehmen, meine Muskeln so im Detail liebevoll zu justieren, dass ich wusste: Ach, hier strecke ich noch ein bisschen, eine winzige Verlagerung nach links – et voilà, auf einmal fließt es.

### Der inneren Berührung nachspüren

Dieses Gefühl von Antara Sparsha kannst du selbst erkunden, wenn du dich bewegst, du musst dafür nicht einmal Yoga machen. Frage dich bei einem Spaziergang beispielsweise: Wer bewegt die Beine, wie fühlt sich Gehen von innen an und wo entsteht die Bewegung? Lass die Antwort keine Worte sein, sondern ein innerliches Gefühl. Das Schöne an der tantrischen Praxis ist, dass du nicht unbedingt festgeschriebene Meditationszeit benötigst. Das Leben selbst ist die Praxiszeit. Besonders schön nachzuverfolgen ist das Gefühl der inneren Berührung auch bei einer Berührung von außen: Wie fühlt sich eine Umarmung an? Wie der Kuss, den du deinem Kind gibst? Oder wenn Finger ganz zart über die Haut streichen? Die Möglichkeiten, Antara Sparsha zu erforschen, sind unbegrenzt, du kannst dich hier austoben! Wichtig ist nur, dass du erst einmal keine Worte findest, sondern einfach nur das Gefühl wahrnimmst, das diese Bewegung in dir auslöst. Nicht bewerten, nicht kategorisieren, sondern einfach nur auf einer tiefen, wortlosen Ebene wahrnehmen. Die Poetik kommt dann später, etwa dann, wenn du erlebt hast, dass Küsse wie ein kleiner Spatz in deinem Herzen fliegen, deine Fingerspitzen, die über die Haut fahren, ein inneres Echolächeln erzeugen und eine Umarmung eine flauschige Wolke in der Mitte deines Körpers entstehen lässt. Du wirst selbst eine Bhuvaneshvari und hältst in dir ein ganzes Universum von inneren Sinneseindrücken.

### Berührt sein: Die sanfte Umarmung des Raumes

Die Erforschung der inneren Berührung zog einen ganzen Kometenschweif an Neugierde nach sich. Ich begann, meinen Bewegungsradius in mein kleines Abenteuer der sinnlichen Forschungsreise mit einzubeziehen. Meine Yogamatte war für mich auf einmal kein Ort der Disziplin mehr, er wurde eine Spielwiese. Ich versuchte, alles so zu tun, als bewegte ich mich durch ein Meer aus Honig. Ich praktizierte in Zeitlupe, so langsam, dass die Bewegung nach außen nicht einmal mehr sichtbar war. Auch in der Meditation nahm ich nicht nur die inneren Berührungen war, sondern konnte auch das weiche Gehaltensein in Bhuvaneshvari, im Raum, spüren. An manchen dieser Tage lösten sich dann sogar die Körpergrenzen auf, und es gab nur noch diese wunderschöne stille Daunendecken-Softness, in der ich schwebte. Dabei lernte ich viel von der tantrischen Lehrerin und Autorin Sally Kempton. Ihre Shakti-Meditationen haben mich auch zu der nachfolgenden Meditation inspiriert, die ich sehr liebe und fast täglich praktiziere. Das Wunderbare: Wenn du einmal das Gefühl von Gehaltensein kultiviert hast, musst du nicht einmal mehr deine Augen schließen; du kannst es in jeder Situation hervorrufen, ja sogar wenn du beim Einkaufen in der Schlange an der Kasse stehst.

## **MEDITATION:**
## GEBORGENHEIT

Setz dich bequem auf den Boden. Lass die Hände sanft in deinem Schoß ruhen.

Beginne damit, dein Gesicht ganz weich werden zu lassen. Denke an eine Daunenfeder, die langsam an einem Sommertag zu Boden schwebt. So soft wird dein Gesicht, und so leise schließen sich deine Augen.

Der Atem geht vollkommen natürlich. Ein ruhiges, anmutiges Ein- und Ausströmen des Atemflusses. Ein und aus, ein und aus, wie die Gezeiten des Meeres. Ein Pulsieren und ein Atmen, das die ganze Welt umfasst. Ein und aus.

Erkenne, dass du eines von Abermillionen von Lebewesen bist, die gerade jetzt auf der ganzen Erde ein- und ausatmen, genau wie du. Ein und aus.

Dein Atmen ist ein Teil der Kraft, die gerade jetzt den Planeten atmet.

Nimm wahr, wie das Ausatmen leise hinunterfließt, und erlaube dem Atem, dich innerlich zu berühren und zu öffnen.

Kannst du das Einatmen und Ausatmen als zärtliches, inneres Streicheln wahrnehmen?

Erlaube dem Atem, dein Herz zu berühren und auch die Rückseite des Herzens zu öffnen.

Es geht auf der nächsten Seite weiter →

Mit dem nächsten Ausatmen lehne dich in das Ausatmen hinein, als lehntest du dich an eine gute Freundin an.

Sicher in dir nimmst du nun den Raum wahr. Die Sinnlichkeit der Luft, die deine Haut liebevoll berührt.

Kannst du Luft nicht nur als Luft sehen, sondern als Shakti, die dich in sich selbst geborgen hält? Jedes Einatmen eine Liebkosung für dich, Shaktis Tochter.

Kannst du dich öffnen für das Streicheln des Universums durch die Luft, durch das Atmen?

Dein ganzer Körper ist im sinnlichen Kontakt mit allen Aspekten der Luft, innen und außen. Ein und aus. Gehalten im Raum. Sanft und vollkommen sicher.

Lass dich nun für einige Momente ganz in Ruhe auf die sinnliche Erfahrung ein, durch das Atmen und Sein im Raum liebevoll umsorgt und in Geborgenheit gehalten zu sein.

Schließe die Meditation, indem du sanft mit deinen Fingerspitzen dein Herz berührst.

# Milk&Honey Yoga®

Die Yogapraxis, die es mir gestattet hat, mich vollkommen sicher zu fühlen, ist mittlerweile ein ganz eigener Yogastil geworden, den ich Milk&Honey Yoga® genannt habe. In dieser Praxis lasse ich alles Erlebte einfließen: Stress, Schmerzen aus alten Traumata, Gefühle von Verletztsein, aber natürlich auch Glück und Liebe. Für mich ist Milk&Honey Yoga® eine aktive Form, meinen Emotionen und meinem Innenleben mit meinem Körper sinnlich Ausdruck zu verleihen und so die Emotionen auf körperlicher Ebene zu verarbeiten.

Wie die aktuelle Forschung zeigt, ist dies elementar: Um uns von den – auch körperlichen – Auswirkungen von Stress und Traumata zu erholen, benötigt unser Gehirn das Gefühl von Sicherheit. Nur dann kann die sogenannte Allostase, die Herstellung des Gleichgewichts mittels Hormonen, Neuronen et cetera durch das Hirn, erfolgen. Es ist daher nicht nur für unsere mentale, sondern auch für unser körperliche Gesundheit wichtig, ein Gefühl von Geborgenheit und Sicherheit kultivieren zu können.

Um dies zu üben, habe ich dir eine kleine Abfolge von Yogahaltungen und die Instruktionen dazu zusammengestellt. In den Übungen geht es weniger um die äußere Form, sondern eher um das innere Erleben, ein Reflektieren der inneren Berührung und eine spielerische Erkundung der Sinnlichkeit von Bewegung. Du brauchst dafür nur einen rutschfesten Untergrund und eine warme Decke.

## 1. Milk&Honey Flow

Bevor du in die Bewegung kommst, stimme dich ein. Setz dich bequem hin und lies dir laut die untenstehenden Worte vor. Pausiere nach jeder Zeile und stell dir das Gehörte mit allen Sinnen vor:

- Ein warmer Sommermorgen
- Schaukeln in einer Hängematte
- Weiche Bettwäsche, in der du einsinkst wie in eine Wolke
- Weiße Musselinvorhänge, die sich sanft im Wind bauschen
- Die Umarmung eines geliebten Menschen
- Ein flauschiger Hundewelpe
- Honig, der auf ein Croissant tropft
- Der Geruch von Zimtschnecken und warmem Apfelkuchen
- Ein warmes, goldenes Herz

## 2. Softest of all Beginnings

Beginne die Praxis, indem du dich auf dem Boden auf den Rücken legst, die Hände ruhen warm auf deinem Bauch.

Ganz soft atmest du ein und aus.

Mit jedem Atemzug werden deine Züge weicher, und ein leises Lächeln schleicht sich auf dein Gesicht.

Bemerke, wie du geerdet und, ja, auch gehalten auf der Matte liegst und nichts tun musst, um diesen Halt zu verdienen.

Überlasse dich vertrauensvoll diesem Halt für drei tiefe Atemzüge und erkunde, wie weich dein Atem fließt und wie sich dies in dir anfühlt.

## 3. Tender Hips

Von hier aus rolle dich wohlig auf den Bauch, lege die Hände unter der Stirn übereinander und wackle ein bisschen mit deinem Gesäß hin und her.

Welche innere Berührung spürst du?

# 4. Move like Honey

Wenn du zu Ende gewackelt hast, darf ich dich in den Vierfüßlerstand bitten. Wie fühlt es sich an, wenn du dich selbst instruierst, nicht einfach nur Hände und Füße aufzustellen, sondern dass diese sich liebevoll mit der Erde verbinden sollen?

Stell dir jetzt eine Welle vor, und genauso wie diese Welle lässt du dein Gesäß nach hinten gleiten, rollst dich wie eine Katze nach vorn, den Rücken ganz rund.

Um dann das Herz nach vorn zu schieben, führst du die Schulterblätter ganz zart zusammen, sodass sie dein Herz sanft von hinten stützen und nach oben zum Fliegen bringen.

Welche inneren Berührungen kannst du in diesem Bewegungsfluss wahrnehmen? Wiederhole dazu den Ablauf mehrere Male.

Verlagere nun die Wahrnehmung von innen nach außen. Wo streichelt dich die Luft, wenn du vor- und zurückrollst?

## 5. Mutiges Herz

Finde dann erneut die Mitte und stell den rechten Fuß vorn zwischen den Händen auf. Beim nächsten Einatmen komme mit dem Oberkörper hoch und lege die Hände sanft haltend an den Hinterkopf.

Während du dich mit dem linken Knie in die Matte erdest, richtest du dich aus diesem Halt heraus auf, dehnst die Vorderseite.

Lass nun die Schulterblätter zart dein Herz von hinten stützen, indem du sie leicht zusammenführst.

Atme tief in den Bereich unter deinem Brustbein und mit einem Lächeln lass dein Herz weit werden. Die Vorderseite, die Rückseite.

Komm anschließend zurück in den Vierfüßlerstand und wiederhole die Übung mit links.

**Tipp:** Wenn es am Knie wehtut, leg dir eine weiche Decke unter oder rolle die Yogamatte ein.

## 6. Play

Die Hände platzieren sich unter den Schultern, die Schultern kreisen nach hinten, leise hebst du das Herz.

Zaubere ein Lächeln auf deine Lippen und winkle spielerisch ein Bein an.

Welche innere Qualität hat diese Bewegung? Anstatt das Maximum an Bewegungsspektrum aufzubringen, frage dich: Was ist der minimalste Aufwand an Muskelkraft, um diese Pose zu halten?

Leg dich wieder sacht auf den Boden ab, die Hände unter der Stirn. Werde ganz, ganz still. In der Stille horche nach innen: Welche subtilen inneren Bewegungen kannst du spüren?

## 7. Altar of the Heart

Rolle dich nun auf den Rücken.

Ich bitte dich, die Füße aufzustellen und die Arme wie ein kleiner Kaktus (Ober- und Unterarme im rechten Winkel) auf den Boden zu legen.

Verbinde nun deine Füße bewusst mit der Erde und bringe Gewicht in die Füße, als würdest du die Erde umarmen wollen.

Dein Kreuzbein drückt sacht in den Boden. Deine Schulterblätter rücken ein wenig zusammen und bilden so einen Altar für dein Herz, das sich fein und mit Anmut hebt, wenn nun deine Schultern in den Boden drücken.

Nun bringe auch Gewicht auf den Hinterkopf, sodass dein ganzer Oberkörper angehoben ist. Getragen von deinen Schultern, ist dein mutiges Herz nun ein weiter Raum. Wie fühlt es sich von innen heraus an?

So langsam wie nur möglich löse den Druck und strecke Arme und Beine aus. Lege deine Hände auf dein Herz. Hörst du es innerlich schlagen? Eine Art unangeschlagener Sound, nur für dich im Inneren hörbar.

## 8. Repose

Drehe dich nun zufrieden auf die Seite oder lege dich flach auf den Rücken und entspanne einige Minuten in Savasana.

Frage dich selbst: Wie fühlt sich Geborgenheit innerlich an?

Lass dann das Gefühl wie flüssiges Gold durch den Körper fließen und werde ganz still.

In dieser Stille dürfen alle Gedanken da sein, alle Sinnesempfindungen, alles ist gehalten von dir in deinem inneren Raum, genauso wie das Universum die Welt hält, wie Bhuvaneshvari alles, was existiert und noch existieren wird, in sich geborgen hat.

Zum Beenden der Übung lege deine Hände in Gebetshaltung an dein Herz und verneige dich nach innen. Gern kannst du dabei das Bija-Mantra von Bhuvaneshvari hrim aussprechen und es wie eine Blüte in dein Herz legen.

## The Spirit in Us

Nicht nur im Milk & Honey Yoga® können wir Bhuvaneshvaris Energie erfahrbar machen. Ein Satz, der mich nachhaltig berührt hat, kam von Sally Kempton in einem Workshop: »Shakti ist in jedem Teil des Körpers zugänglich.« Tantra hat sehr viele komplizierte Rituale und Praktiken, die häufig die Visualisierung von Chakren, Bindus, Mantras, Mudras und verschiedenen Gottheiten beinhalten und die einem strengen Ablauf unterliegen. Diese Rituale sind meist geheim und werden von Generation zu Generation weitergegeben. Du kannst sie natürlich alle durchführen, wenn du dich auf den Weg machen willst. Um aber eine tiefe Verbindung zum Spirit aufzubauen, braucht es meiner Erfahrung nach nur das Wissen, dass dein ganzer Körper Energie ist. Dein ganzer Körper ist nicht nur ein Tempel, sondern Shakti selbst. Bhuvaneshvari steht für dieses Embodiment. Es hat etwas sehr Kraftvolles, sich einen bestimmten Körperteil als Sitz einer Göttin oder als Sitz der Qualitäten, die diese Göttin repräsentiert, vorzustellen. Die Fruchtbarkeit und Fähigkeit zur Manifestation von Bhuvaneshvari kannst du dir als Gefühl etwa in das Becken legen und dann erforschen, wie sich das anfühlt: in der Stille, beim Gehen, beim Liebemachen? Was passiert, wenn du ihre Qualität als Raum in deinem Kopf visualisierst? Du siehst, die Möglichkeiten sind schier endlos. Natürlich kannst du dies mit den Eigenschaften aller Göttinnen, Archetypen, Emotionen machen, die dir in den Sinn kommen.

### ÜBUNG:
### ROTES BINDU

Manchmal möchten wir unsere Energie jedoch auf etwas Bestimmtes konzentrieren, und auch das ist Bhuvaneshvari: die Manifestation. Dazu gibt es eine wunderschöne Übung, die ich eng mit Bhuvaneshvari verknüpfe.

Es geht auf der nächsten Seite weiter →

In der Übung visualisieren wir das rote Bindu in unserem Becken und nähren es. Bindus sind im Tantra energetische Zentren, das rote Bindu steht für dein Sein in der Welt. Diese Visualisierungs- und Atemübung mache ich immer, wenn ich das Gefühl habe, nur noch im Kopf zu sein; sie hilft mir, sofort ein warmes Gefühl der Erdung und Verbundenheit herzustellen.

Wenn es warm genug ist, setz dich gern dazu draußen in die Natur, ansonsten wähle einfach einen bequemen Sitzplatz, an dem dein Becken Kontakt mit dem Boden hat.

Schließe nun sanft die Augen und werde ganz leise.

Lass dein Gesicht, deinen Körper soft werden und behalte nur so viel Muskelanspannung, wie es braucht, um zu sitzen.

Der Atem fließt natürlich.

Dein Beckenboden entspannt sich vollkommen. Dazu kannst du zunächst so tun, als müsstest du dringend zur Toilette und würdest alles einhalten – und dann lass die Muskeln los.

Lege nun Zeige-, Mittel- und Ringfinger deiner rechten Hand unter den Bauchnabel. Stell dir vor, wie auf dieser Höhe in der Mitte deines Körpers ein etwa daumengroßer Ball aus rubinrotem Licht schwebt. Leicht pulsierend und in einem unglaublich schönen, warmen Rot. So, als würdest du an einem warmen Sommertag in einem roten Seidenzelt sitzen.

Lass diesen Ort, diese energetische Sphäre aus dunkelrotem Licht das Zentrum deiner Wahrnehmung und deiner Gravitation sein.

Dieser Ort ist dein Zentrum und energetisch tief verbunden mit der Erde, auf die du nun deine Aufmerksamkeit richtest.

Stell dir vor, du könntest etwa einen Meter unter die Erde sehen. Richte deine Aufmerksamkeit dorthin.

Es geht auf der nächsten Seite weiter →

Im nächsten Schritt visualisiere, dass du mit jedem Einatmen die Energie der Erde in dein Becken ziehst und mit dem Ausatmen dein rotes Bindu stärkst.

Dazu ist der Beckenboden beim Einatmen locker, beim Ausatmen minimal angespannt.

Es ist wichtig, dass du dir dabei kein inneres Bild kreierst wie auf einem Computerbildschirm, sondern dir alles in deinem Körper vorstellst.

Mit jedem Einatmen wird das rote Bindu gestärkt, mit jedem Ausatmen fließt rubinrotes, warmes Licht sanft in den Raum um dein Bindu herum.

Wenn du ausatmest, verlässt dich nur die Luft, nicht die Energie. Wenn du einatmest, verbindest du dich mit Energie, nimmst nicht nur Sauerstoff auf.

Atme mit dieser Visualisierung zehn Minuten lang und lass sie dann langsam verblassen.

Zum Abschluss kannst du gern deine Hände auf die Erde legen und dich für die Energie bedanken.

### Der Raum, die Natur und du

Die Stärkung des roten Bindus lernte ich auf einem tantrischen Retreat inmitten der Rocky Mountains in Loveland, Colorado, kennen. Ich weiß nicht, ob du schon einmal in den Rockys warst, aber sie sind atemberaubend schön. Die Berge und Gletscher mächtig, die Luft kristallklar, und es liegt ein Hauch von Ewigkeit in der Luft, wenn dir bewusstwird, dass diese steinernen Riesen seit Äonen einen Teil der Erde formen. Das Retreat-Center war wunderschön gelegen, nur zehn Minuten Fußweg von einem Bergsee entfernt, an dem man die wahnsinnigsten Sonnenaufgänge bestaunen konnte. Das Retreat-Center selbst war auch atemberaubend, aber anders. Stiltechnisch wurde viel mit Hirschen sowie den Farben Erbsengrün und Ockergelb gearbeitet. Seit geschätzt 1980 hatte sich nicht mehr viel am Design geändert. Der Praxisraum befand sich im Keller, in den selbst an den sonnigsten Tagen kaum Licht drang. Auch wenn wir den schönsten, reichhaltig geschmückten Altar mit Devotionalien, Göttinnenbildern, Yantras, Statuen und Opfergaben hatten, merkte ich, dass dies nicht der Ort war, an dem ich mich verbunden fühlte, trotz der wundervollen Aufbauten. Das Retreat war unglaublich, kraftvoll und transformierend, aber an diesem Ort habe ich für mich erkannt: Der See ist mein Altar. Die Berge sind meine Kirche. Der Wald hinter dem Haus mein Tempel. Die Federn und Steine, die ich fand, waren die Gaben, mit denen ich diese Kirche schmückte. In Colorado schrieb ich dazu folgendes Gedicht:

*I am the lake,*
*flowing in form.*

*I am the sky in flames.*
*In fire, I am born.*

*I am an endless field,*
*vast in its openness.*

*I live in the darkest night,*
*holding gently the silver sweetness of the moon.*

*My laugh is the crispy air, and you hear me smiling*
*in the waving grass.*

*In nothingness and in everything I exist.*

*My child.*
*I see myself in you.*

Das Gedicht beschreibt mein Gefühl der tiefen Verbundenheit und dort, 2019 an einem klirrend kalten Morgen an einem See in den Rocky Mountains, habe ich die Energie von Bhuvaneshvari, das gleichzeitige Einssein mit allem und unglaubliche Lebendigsein mit meinem ganzen Sein gespürt.

Um das Gefühl des Aufgehens in der Natur erfahrbar zu machen, habe ich eine Meditation für dich, die aus dem Vijnana-Bhairava-Tantra abgeleitet ist. Du erinnerst dich? Das goldene dekorative Büchlein? Tatsächlich ist es eine Art Praxismanifest mit so vielen wunderschönen Übungen, Visualisierungen und Meditationen, auch wenn die Sprache kompliziert ist und einen Lehrer oder eine Lehrerin benötigt, um es erlebbar zu machen. In dieser Meditation verschmelzen wir mit dem Raum. Ich empfinde sie als unglaublich friedvoll, sie hilft dir, dich mit all deinen Sinnen zu entspannen.

## **ÜBUNG:**
## TATTVA BHAVANA IN DER NATUR

Diese Übung empfehle ich, zum Tagesanbruch zu machen, wenn die Welt noch ganz still ist und es auch in dir noch ganz leise ist. Suche dir dazu einen Platz in der Natur, an dem du dich willkommen fühlst und den du als schön empfindest: eine Lichtung im Wald, am Meer, an einem Fluss oder vielleicht auch einfach dein Garten. Solltest du dich an einen Baum anlehnen wollen und es dir nicht zu doof vorkommt, bitte den Baum um Erlaubnis und bedanke dich, dass er dich in dieser Übung unterstützt. Wenn du deinen Platz gefunden hast, richte dich so ein, dass du einige Minuten vollkommen still sitzen kannst. Diese Meditation kannst du nur eine Minute lang durchführen oder auch fünf Stunden, einfach so, wie es sich für dich richtig anfühlt.

Beginne, indem du einige Male über den Mund tief ein- und ausatmest, bis du das Gefühl hast, dass sich deine Kiefermuskulatur entspannt und du auch im Inneren gelöst bist.

Es geht auf der nächsten Seite weiter →

Lass die Augen auf, aber beginne nun, deinen Blick ganz weich werden zu lassen und gar nicht auf ein bestimmtes Objekt zu richten. Versuche einfach, dein visuelles Feld weit werden zu lassen.

Atme dabei weich ein und aus, ohne jeden Druck und ohne den Atem zu manipulieren.

Kannst du alles gleichzeitig sehen? Den Himmel, an dem Vögel ihren Flug malen, vielleicht schwirrende Insekten? Versuche, all das zu sehen, ohne es im Geist zu benennen oder zu interpretieren.

Behalte diese weite Sicht bei und versuche nun zeitgleich, so viele Geräusche wie möglich wahrzunehmen: vielleicht ein leises Rauschen von Blättern oder Gras, vielleicht das Rauschen eines Gewässers. Das Summen einer Biene. Den Ruf eines Vogels. Das subtile Geräusch deines eigenen Ein- und Ausatmens. Nimm all das wahr, ohne zu kategorisieren.

Behalte dieses umfassende Hören bei, wenn du nun deine Aufmerksamkeit auf die feinen, sensorischen Wahrnehmungen richtest: das Gefühl der Kleidung auf deiner Haut. Wie die Luft zart über dein Gesicht streicht. Vielleicht wärmt dich die Sonne. Vielleicht fühlst du die Struktur eines Baumes an deinem Rücken.

Versuche, auch hier alles zu erfassen, was du fühlst, ohne es zu benennen.

Lass nun all deine Sinne des Sehens, Hörens und Fühlens gleichzeitig da sein. Du als ein weites Feld, auf dem all diese Wahrnehmungen erscheinen und langsam wieder verblassen.

Mal das Hören im Vordergrund, dann wieder das Sehen und Fühlen. Wie Wellen, die langsam an den Strand heranrollen, kommen deine Sinneseindrücke und verebben auch wieder: dein Bewusstsein wie eine Leinwand, auf der deine Sinne malen. Friedvoll.

Es geht auf der nächsten Seite weiter →

Weit wie der Himmel. Alles in dir gehalten. Verweile, solange du magst, in diesem Zustand.

Beende die Meditation, indem du von der Weite wieder ins Ich kommst: Fokussiere deinen Blick auf deinen Körper, streiche mit den Händen über deine Beine und deine Arme, lege sie warm auf dein Gesicht und schließe die Augen.

Öffne sie dann wieder, lege die Hände auf dein Herz und schicke ein Gefühl der Dankbarkeit dorthin.

## Glauben und Vertrauen

Es gibt ein weiteres sehr einfaches Mittel, um Verbundenheit mit etwas Großem zu fühlen: das Gebet. Aber hey, lege das Buch nicht weg, wenn dich das jetzt zu sehr an Religionsunterricht erinnert. Schiebe etwaige Vorurteile einmal beiseite, und vielleicht fasziniert deine rationale Seite, was die Wissenschaft herausgefunden hat: Spiritualität ist genetisch in uns Menschen angelegt. Dr. Kenneth Kendler von der Virginia Commonwealth University fand 1997 in Zwillingsforschungen heraus, dass unsere Spiritualität zu 29 Prozent in unseren Genen liegt und zu 71 Prozent von unserer Umwelt geformt wird. Menschen sind mit einer inneren Fähigkeit für Spiritualität ausgestattet, bei manchen stärker, bei anderen weniger ausgeprägt, aber sie ist immer da. Die zweite Erkenntnis verblüfft ebenfalls: Spiritualität schützt vor Depression, Alkoholismus und Stress. Und die vielleicht wichtigste Botschaft für deinen Verstand: Du kannst spirituell sein, aber nicht religiös.

Spiritualität ist das Gefühl, das wir in diesem Kapitel ausführlich erforschen: das Gefühl der Verbundenheit mit etwas Größerem. Religion dagegen gibt diesem Gefühl Regeln, eine Praxis und Struktur. Spiritualität erlaubt uns die Einstimmung auf ein größeres Bewusstsein und die Bedeutung, die es für uns offenbart. Mit dieser Einstellung können wir den ständigen Machen-Modus einmal ruhen lassen, uns weniger fragen, was wir bekommen und wie wir es behalten können, sondern uns auf Erfahrungen wie Liebe, das Gefühl von Einheit und Zugehörigkeit bewusst einlassen. Selbst dies konnte wissenschaftlich bewiesen werden: Spirituelle Erfahrungen aktivierten Bereiche im Gehirn, in denen wir Liebe erleben, das Gefühl von Einheit und Zugehörigkeit erfahren und die Welt aktiv wahrnehmen. Du hast also die Wahl: Du kannst dem Leben ausschließlich mit deiner Ratio begegnen oder die Welt und dein Leben gleichzeitig als etwas Größeres begreifen, angelegt ist beides in dir. Mit einer Haltung von Verbundenheit wirst du aber alles bunter, reicher, vernetzter erleben und gleichzeitig eine Liebe entwickeln, die nicht auf eine Person bezogen, sondern universell ist: die umfassende Liebe zum Leben selbst. Vielleicht ist das etwas, zu dem du beten kannst, wenn dir das Gebet an sich zu religiös-esoterisch erscheint: ein Gebet an dich und dein Leben.

## **ÜBUNG:**
## GEBET

Wenn ich bete, gehe ich dazu wirklich auf die Knie. Ich bete gern zu Lalita, »meiner« Göttin, die du im nächsten Kapitel kennenlernen wirst, aber auch Bhuvaneshvari ist für mich sehr präsent. Du kannst dir gern eine der Göttinnen als Adressatin deines Gebets aussuchen oder einfach nur für dich, zum Kosmos oder wohin auch immer beten. Du kannst in einem Gebet deine Sorgen teilen, um etwas bitten – dann bedanke dich gleichzeitig dafür – oder auch nur in stiller Andacht sitzen. Falls es dir schwerfällt, eigene Worte zu finden, habe ich hier ein tantrisch inspiriertes Gebet für dich, das dich gleichzeitig auf das nächste Kapitel einstimmt.

**Ma.**
Mit diesem Gebet schenke ich dir mein Herz. Ich bitte dich, in mir und an meiner Seite zu sein.

Es geht auf der nächsten Seite weiter →

Vertrauensvoll lehne ich mich in deine Essenz, wissend, dass ich schon immer ein Teil von dir war, dass du mich hältst und dass ich nichts tun muss, um diesen Halt und deine Liebe zu verdienen.

**Mit Hingabe bitte ich dich:** Mögest du mich leiten und mit deinem Kuss zu Leichtigkeit und Glück führen. Möge ich diesen Funken von Glück in allen Zuständen erkennen.

Möge ich mit leichter Hand und einem wissenden Lächeln auf den Lippen und aus meinem Herzen kreieren.

Möge ich mit Würde meine Herausforderungen meistern und spielerisch mit dem Leben tanzen.

Möge ich die wilde Luft trinken, bis mein Herz berauscht ist.

Mögest du mich in Form meiner Sinne jede Sekunde treffen, sodass ich immer wieder neu erkenne, dass in jeder Berührung, in allem, was ich sehe, in allem, was ich schmecke, in allem, was ich ertaste, deine Liebe zu mir steckt, und möge wiederum alles, was ich erlebe, eine Gabe von mir an dich auf dem Altar meines Herzens sein.

Möge ich mich selbst fundamental akzeptieren und diesen wunderbaren Körper genießen. Möge ich jeden Tag aufs Neue die Schönheit in und an diesem Körper entdecken.

Bitte hilf mir, nichts auszuschließen in meinem Leben und gleichzeitig nichts festzuhalten.

Gib mir die Kraft, meine Dämonen zu Verbündeten zu machen und mit meinen Emotionen zu tanzen.

Möge ich mit dir in spielerischer Leichtigkeit, Stärke und Anmut frei durch mein Leben schreiten.

Und möge ich die Wahrheit erkennen, dass dies nichts ist, was ich erlangen kann. Sondern immer nur wiederentdecken. Denn du bist in mir und ich in dir.

Tat hastu. Möge es so sein.

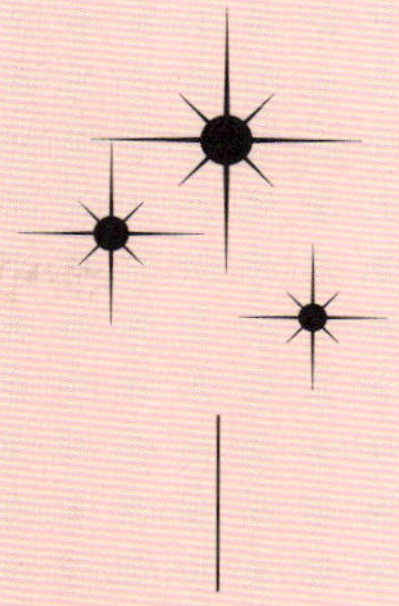

# Lalita Tripura Sundari – Empowerment und Sinnlichkeit

The erotic is a resource within each of us that lies
in a deeply female and spiritual plane, firmly rooted in the
power of our unexpressed or unrecognized feelings.

**Audre Lorde**

# Den Eros der Welt leben

*Your access to pussy is your access to your own life force, your freedom as a human being. Taking control of yourself and continuing to explore and unfurl more and more pleasure, is to boldly go where very few women have gone before.*

**Mama Gena**

Ich bekomme häufig Zuschriften von Frauen, die mich als sinnlich und frei empfinden. Und ganz ehrlich: Genau so fühle ich mich auch die meiste Zeit. Selbst wenn mich niemand sieht, halte ich mich bewusst aufrecht. Dabei fühle ich, wie die Luft mich streichelt, die Textur des Bodens unter meinen Füßen und die Geschmeidigkeit meiner Muskeln. Pleasure und Sinnlichkeit sind nicht den geschlossenen Räumen meines Schlafzimmers und der Sexualität vorbehalten, sondern etwas, das ich jede Sekunde praktiziere. Das war nicht immer so.

2006 hätten Außenstehende denken können, ich zelebriere und lebe Genuss. Die ein Jahr zuvor mit einer Freundin gegründete PR-Agentur florierte, ich verdiente sehr gut und dann durfte ich auch noch eintauchen in die Glamourwelt des Showbusiness. Ich ging auf Filmpremieren ein und aus, hielt Händchen mit Hollywoodstar Jeff Goldblum, plauderte mit a-ha-Sänger Morten Harket über Bergkristalle und trank Champagner beim Shoppen in Louis-Vuitton-Boutiquen. Das legendäre Borchardt in Berlin lieferte mir sein berühmtes Wiener Schnitzel sogar in den Friseursalon. Ich war berauscht vom Glitzer, den Goodie-Bags, den Stars und Sternchen, unter die ich mich auf einmal mischen durfte, und von der gedämpften Weichheit von roten Teppichen. Man hätte meinen können, ich schwelgte in luxuriösem Genuss. Aber Fakt ist: Es war so sinnlich und genussvoll wie ein Laib Trockenbrot.

Warum? Nun, bei all den Aktivitäten stellte ich die Außenwirkung über mein tatsächliches inneres Erleben. Nie habe ich mich auch nur einmal gefragt: Erfüllt dies wirklich mein innerstes Verlangen? Oder fülle ich nur das Vakuum in mir, ausgelöst durch das Gefühl, nicht gut genug zu sein? Mehr noch: Es war rauschhaft, vergleichbar mit einer Fressorgie in einem Fast-Food-Restaurant. Kurz denkst du, dass du satt bist, aber innen fühlst du dich hungrig.

Bei meiner Arbeit habe ich viele Frauen kennengelernt, die es ähnlich erlebt haben und in einem Umfeld aufgewachsen sind, in dem zählt, wie diszipliniert du bist, wie hart du arbeitest und was du besitzt. Buchautorin und Therapeutin Stella Resnick hat dies vor einiger Zeit als »Bestrafungsethos« betitelt; sie schreibt, wir hätten regelrecht Angst vor der Sinnlichkeit. Die eigenen Bedürfnisse zurückzustellen, sich aufzuopfern, hart zu arbeiten – das sind alles Verhaltensweisen, die honoriert wurden und teilweise auch immer noch werden. Eine frühe Prägung, die eigenen Bedürfnisse hintanzustellen, kann dazu führen, dass wir eine Art Widerstand gegenüber Sinnlichkeit, Lust, Spiel, Freude und Genuss aufbauen. Menschen, die Entscheidungen danach treffen, was sich im Innersten für sie gut anfühlt, werden dabei mit Misstrauen betrachtet.

## **ÜBUNG:** DEIN WIDERSTAND GEGENÜBER PLEASURE

Stella Resnick fragt in ihrem Buch The Pleasure Zone: »Wie würde dein Leben aussehen, wenn du dich in allen möglichen Arten und Weisen erfüllt fühltest?«

Wie fühlst du dich, wenn du den Satz liest? Kommt innerlich das Gefühl auf, das wäre etwas Unanständiges? Scham? Etwas, das man sich nicht wünschen darf, weil man sonst als ungeheuer arrogant gelten würde?

### Pleasure-Feindlichkeit in unserer Gesellschaft

Auch spirituell sehnen wir uns nach einer tieferen Verbindung, die nicht auf Schmerz und Leid aufgebaut ist, sondern uns ganzheitlich berührt, wie die steigende Popularität von Naturreligionen, Göttinnen und Co. beweist. Kein Wunder: Viele sind in der westlich geprägten Welt in einem religiösen Umfeld aus Schuld, Sühne und Schmerzen sozialisiert. Das prägt unterbewusst, selbst wenn Religion heute zunehmend weniger eine Rolle spielt. Das spirituelle »Elternhaus« unserer Gesellschaft ist eins, aus dem die Göttin verbannt ist; dafür ließ ein Vatergott seinen eigenen Sohn an ein Kreuz nageln, damit er für die Sünden vieler sühnt. Und dass gesündigt wird, steht natürlich außer Frage.

All das führt häufig dazu, dass Pleasure, Sinnlichkeit und Eros nicht als das wahrgenommen werden, was sie sind: die Fähigkeit, im Fluss des Lebens mit einem Lächeln aufzugehen, die eigenen Bedürfnisse zu honorieren und spielerisch das Leben in allen Facetten zu genießen.

Ich habe aber eine gute Nachricht für dich: Die Fähigkeit, Pleasure geistig, körperlich und spirituell zu leben und zu fühlen, kannst du in dein Leben holen. Tantra ist dabei unser Türöffner, genauer gesagt: die Göttin Lalita Tripura Sundari.

## Wie eine tantrische Göttin mir half, mich wie eine Königin zu fühlen

Ich sage es ganz offen: Ich hatte Angst vor Lalita Tripura Sundari. Die tantrische Göttin des Shri Vidya, eine der neun Hauptlinien des klassischen Tantra, hat es aber auch in sich. Es heißt, sie sei älter als die männlichen Hindugötter Brahma, Vishnu und Rudra. Sie ist die ursprünglichste Kraft des Verlangens, die Kraft, die Atome zusammenhält, die Königin des Universums. Dabei ist sie keineswegs furchterregend wie etwa die Göttinnen Chinnamasta oder Kali, sondern verführerisch schön. In ihrer absoluten Autorität ist sie dennoch durch und durch feminin und verneint nicht die Partnerschaft mit dem männlichen Prinzip. Ihre erotische Ausstrahlung lässt sämtliche männlichen Götter angesichts ihrer Schönheit niederknien. Sie ist das spirituelle, erotische und weltliche Verlangen und diejenige, die dich in die radikale Freiheit führt, damit du selbst wie eine Königin durch dein Leben schreitest. Einige ihrer tausend Namen sind Ratirupa – die Verkörperung von Pleasure –, Ratipriya – Lover of Pleasure – und Shri Maharajni – die Glück verheißende Herrscherin.

Als ich zum ersten Mal von ihr las, übte sie gleich eine unfassbare Faszination auf mich aus. Aber ich traute mich zunächst nicht, mich mit ihren Qualitäten und dieser kraftvollen und gleichzeitig verführerischen Energie zu verbinden. Okay, ich verrate dir die ganze Wahrheit: Ich fühlte mich schlicht nicht heiß, nicht sexy, nicht stark und nicht schön genug.

## Bist du bereit, dich schön, hot und sexy zu finden?

Wenn du mit Lalita praktizierst, wirst du, wie Sally Kempton in ihrem Buch Awakening Shakti schreibt, automatisch mit den folgenden Fragen konfrontiert: Erlaubst du dir, so erfüllt, liebend, schön, mächtig und stark zu sein? Erlaubst du dir, Pleasure in dir und deinem Leben zu finden? Erlaubst du dir, selbstbestimmt zu leben? Ich hatte Angst vor den Fragen, auf die ich die Antworten schon kannte: Ich war auf einem guten Weg, aber den letzten Schritt, das Setzen auf den Löwenthron meines Lebens – das lebte ich nicht vollends. Ich war insbesondere in den Bereichen Liebe, Partnerschaft, Körperbewusstsein und Sex noch zu bestimmt von Erwartungen anderer und gleichzeitig in meinen Mustern gefangen.

Mit den Göttinnen ist es jedoch so eine Sache. Manchmal wählen sie dich und nicht du sie. In Lalitas sogenannter Sthula-Form, also ihrer menschlich anmutenden Gestalt, hält sie einen Stock in einer ihrer vier Hände. Damit treibt sie dich sehr bestimmt auf den richtigen Weg.

Bei mir war es 2019, als Lalita mich nicht mehr losließ. Ihr Name bedeutet übersetzt »Die spielerische Schönheit der drei Welten«. Lalita ist überirdisch schön, leuchtend wie der Sonnenaufgang, und in ihren Händen hält sie besagten Antreibestock, eine Seilschlinge, fünf Blumenpfeile und einen Bogen. Sie ist die pure Verführung, die Verkörperung des Verlangens und gleichzeitig als tantrische Göttin natürlich die obligatorische Kick-Ass-Kriegerin, die mit einem Lächeln Dämonenheere niedermäht. Lalita als ultimative Kraft des Universums wird gerufen, wenn gar nichts mehr geht.

### Die Qualitäten der Göttin in sich aktivieren

Mich faszinierte an ihr, dass sie scheinbar Gegensätzliches möglich macht: zum einen den Spaß an der femininen Seite, die für mich für Spiel, Leichtigkeit, Anmut und Zartheit steht. Gleichzeitig verkörpert sie Würde und Kraft und ist bereit, in den Kampf zu ziehen, wenn nötig. Diese unwiderstehliche Mischung als feminine Herrscherin war für mich schlicht atemberaubend.

Ich tastete mich langsam an sie heran. Ich belegte die ersten Kurse, las alles, was ich in die Finger bekam, und erlebte zum ersten Mal, dass spirituelles Verlangen dich tatsächlich wie eine Sucht packen kann. Im Tantra gibt es eine Technik, die sich Mantra Nyasa nennt. Dabei werden heilige Sanskritworte gesungen und mittels Mudras, Handbewegungen, im Körper »installiert«. Wenn du ein Lalita-Mantra-Nyasa übst, zeigst du ihr dabei nicht nur Ehrerbietung, sondern aktivierst auch die Qualitäten der Göttin in dir. Du legst die Schalter für Lalita in deinem Energiekörper um.

Ich wurde geradezu süchtig nach dem Mantra Nyasa von Lalita. Ich konnte nicht aufhören, es zu praktizieren, und saß Tag für Tag auf dem Boden, bis ich endlich das drei Minuten lange Mantra auf Sanskrit mit den Handbewegungen auswendig konnte. Gleichzeitig bemerkte ich, wie etwas in mir unüberhörbar wurde. Es war keine Stimme, sondern eher ein Gefühl. Es drängte mich sanft, aber sehr bestimmt dazu, mein Leben zu hinterfragen: Lebe ich, wie ich leben will? Liebe ich, wie es mir entspricht?

### Sanft, aber unbesiegbar

Ich begann mit der Liebe. Damals führte ich eine Beziehung mit einem Mann, der großartig war – aber absolut nicht zu mir passte. Ich bin ein emotionaler Mensch, brauche viel Verbindung, das Gefühl, ein Team, ein Wir zu sein, ich brauche Worte und Leidenschaft. Er hingegen lebte ganz in seiner Innenwelt, brauchte wenig Verbindung und konnte Emotionen nicht ausdrücken. Ich musste mir eingestehen, dass mein damaliger Partner ein wunderbarer Mensch ist, mit tollen Werten, aber unsere unterschiedlichen Bedürfnisse hinsichtlich der Liebe zu leben ließen eine erfüllende Beziehung nicht zu. Ich trennte mich und stellte mich damit auch meiner Angst und dem tief einprogrammierten Glaubenssatz, ich könne ein Aufgehobensein nur in jemand anderem finden. Ich ging einen weiteren Schritt in Sachen radikalem Selbst-Empowerment.

Gleichzeitig zeigte mir die Praxis mit Lalita eine neue, bunte Welt: Es war, als hätte jemand den Farbregler des Universums auf Full-HD gestellt. Lalita hält in ihren Händen einen Bogen und fünf Blumenpfeile. Diese stehen für unsere Sinne: Sehen, Hören, Riechen, Schmecken, Tasten. Unsere Sinne sind im Tantra etwas absolut Heiliges und der Einsatz deiner Sinne die Möglichkeit, dein Bewusstsein zu erweitern, indem du völlig in diese Erfahrung eintrittst. Aber was passiert, wenn du einerseits radikal autonom wirst und dich andererseits spielerisch und mit Freude den Sinnen und Pleasure zuwendest?

Du hast es erkannt: Du kreierst aktiv Lalita-Energie in deinem Leben. Ohne dass ich es also bewusst angestrebt hätte, begann ich, mehr und mehr Lalita Tripura Sundari zu verkörpern, und wurde zur Königin meines Lebens: Wie Lalita regiere ich nun mein Leben, unabhängig und frei, aber niemals dabei meine Sinnlichkeit, mein Pleasure, opfernd, genauso soft und delikat wie unbesiegbar.

In den vorherigen Kapiteln hast du schon gelernt, Transformation zu leben, radikal zu hinterfragen und dich selbst zu halten. Nun möchte ich in den folgenden Übungen gemeinsam mit dir entdecken, wie du Pleasure in deinem Leben kreieren kannst und dass dein geheimstes Verlangen deine Superpower ist. Ich möchte dich an die Hand nehmen und dich verführen: aufblühen lassen. Ich möchte, dass du dir selbst die Krone aufsetzt, und ich möchte dir zeigen, wie du ohne Härte Freiheit leben, den Eros der Welt entdecken und in den lebendigen, warmen Fluss der Lebenskraft eintauchen kannst. Bereit? Okay, dann lass uns springen!

## Das Verlangen als deine Superkraft

Das Schöne am tantrischen Springen ist, dass es immer etwas gibt, das dich auffängt. Beispielsweise eine so starke Kraft, dass sie dich fliegen lässt: das Verlangen. Lalita Tripura Sundari steht für diese Kraft des Verlangens. Menschen, Tiere, Pflanzen würden sich nicht fortpflanzen, gäbe es nicht das Verlangen, die Initialzündung der Kreation. Das Verlangen ist die starke Anziehung, die aus zwei Menschen einen neuen Menschen entstehen lässt oder aus einem Menschen und einer Idee etwa ein Buch. Für mich drückt es der englische Begriff Desire am besten aus. Er vereint verschiedene Bedeutungen: Begehren, Wunsch und Verlangen. Daher nutze ich ihn im Folgenden. Du siehst: Desire ist die elementare, kreative Kraft in unserem Universum und geht weit über das Sexuelle hinaus. Desire ist ungeheuer umfassend und kann, richtig eingeordnet, eine der größten Kräfte der Befreiung und des Empowerments sein, wie die nachfolgende Lalita-Saga uns zeigt.

### Das Verlangen, ein Dämon und eine tantrische Kriegerin

In der tantrischen Sagenwelt wurde Lalita angerufen, als die Welt von einem bösartigen Dämon beherrscht wurde: Bhandasura. Bhandasura entstand aus der Asche des Gottes Kama, der für Pleasure und Desire in der Welt gesorgt hat. Wieso? Nun, Parvati, ebenfalls eine Göttin, hatte es sich zum Ziel gesetzt, Shiva zu heiraten. Shiva meditierte aber schon tausend Jahre, und irgendwann reichte es Parvati: Sie brauchte

Kamas Hilfe, um Shivas Herz für sie entflammen zu lassen, denn es gab kein Zeichen, dass er seine Meditation bald beenden würde. Kama schoss also seinen Pfeil auf Shiva. Shiva öffnete die Augen, erblickte Parvati – und war sofort verliebt. Weniger gut ging es für Kama aus: Mit einem Blick brannte Shiva Kama nieder, weil er es gewagt hatte, ihn zu wecken. Nun hat Shiva als Outlaw-Gott, der sich nicht um Konventionen schert, durchaus fragwürdige Begleiter. Diese formten aus der Asche Kamas den Dämon Bhandasura. Dieser verlangte von Shiva die Herrschaft über die Welt für 60 000 Jahre, und aus irgendeinem Grund sagte Shiva: »Bhanda, bhanda« – gut, gut.

Bhandasura zeigt daraufhin, was passiert, wenn unsere Desires unterdrückt und nicht reflektiert werden: Mit brennender Boshaftigkeit herrschte Bhandasura über Menschen und Götter. Denen wurde das zu bunt. Sie riefen die einzige Göttin, die es mit Bhandasura aufnehmen konnte: Lalita Tripura Sundari. Lalita trat ihm furchtlos entgegen, mit einem süßen Lächeln auf ihrem verführerisch schönen Gesicht, den begehrenswerten Körper in kostbaren roten Stoff gehüllt, gekrönt und mit Juwelen geschmückt, die Haare in langen Kaskaden über ihre Schultern fließend. Bhandasura aber konnte kaum an sich halten vor Lachen und fragte ungläubig: »Du willst mich besiegen?« Er machte hier leider den klassischen Fehler, das weibliche Prinzip zu unterschätzen, und deutete das umwerfende Aussehen Lalitas als Harmlosigkeit.

Nun haben aber die Liebesgöttinnen – und dazu zählt auch Lalita – neben einer großen Süße auch eine gewisse unverhandelbare Bestimmtheit. Vielleicht kennst du das von der Liebe, die genauso bestimmend ist: Du kannst nicht wählen, in wen du dich verliebst. Und Lalita ist nicht nur die zauberhafte, schöne, verspielte Göttin der Liebe, der Erotik, des Desire und Pleasure, sondern auch eine erstklassige tantrische Dämonentöterin. Sie lässt aus ihren Fingernägeln nicht nur die Göttinnen Saraswati und Lakshmi entspringen, sondern ein ganzes Heer, und beendet Bhandasuras Herrschaft. Aus Bhandasura wird wieder Kama, und die Welt ist dank Lalitas Schlacht wieder im Gleichgewicht.

Du siehst: Lalita ist bereit, sich allem zu stellen. Ihre Superpower ist es, unbewusstes Verlangen in Kraft umzuwandeln und dich über deine Kapazität für Pleasure und Sinnlichkeit zur Freiheit zu führen. Und genau das ist auch deine Superkraft! Es ist also Zeit, das Verlangen, das Begehren, die Anziehung, die Wünsche aus der puritanischen Schamecke herauszuholen und unsere Desires genauso zu würdigen und so eingehend zu betrachten, wie wir das mit unseren Ängsten getan haben.

## Die Wiederentdeckung der Macht des Desire

Ein erster Schritt ist, insbesondere als Frau, ohne Scham verlangen zu können. Das ist natürlich keine tantrische Praxis, aber immens wichtig für die Wiederentdeckung unseres authentischsten Selbst. Wenn du dieses Buch liest, wirst du vermutlich in einer Kultur aufgewachsen sein, in der man insbesondere als Frau nicht »verlangt«. Ich bin mit dem Satz aufgewachsen: »Kinder, die was wollen, kriegen was auf die Bollen« – also den Popo verhauen. Das war lustig gemeint, transportiert aber dennoch, dass es nicht angemessen ist zu verlangen. Verlangen, insbesondere als Frau, hat immer noch eine leicht ungehörige Note. Zum einen kann das daran liegen, dass wir weiterhin in einem Weltbild verhaftet sind, in dem Bescheidenheit für Frauen als wünschenswert angesehen wird. Eventuell hast du auch schon einmal einen Erfolg, zu dem man dir gratuliert hat, als »Glück« abgetan oder ein Kompliment für ein Outfit mit »Ach, das habe ich schon ewig« abgewendet. Ich habe beides schon gemacht.

Die negative Assoziation zu Desire liegt aber unter anderem auch darin begründet, dass viele spirituelle Traditionen uns lehren, deine Desires seien die Wurzel allen Übels. Erinnere dich an Eva und den Apfel, aber auch im Buddhismus geht es um Nicht-Verlangen. Die Vorstellung in diesen Traditionen ist, dass du aufgrund deines Verlangens leidest, noch schlimmer, du sündigst und wirst verdammt, und musst deshalb einen Weg aus diesem Leiden herausfinden, deinen Wünschen entsagen. Du ahnst es schon: Tantra ist anders und wie ich finde wunderschön. Die Weltsicht des Tantra, wie ich es kennenlernen durfte, ist, dass es verdammt viel Glück, Liebe und Schönheit in der Welt gibt und dass es deine Aufgabe ist, diese zu suchen. Dein Verlangen kann dabei der Schlüssel dazu werden, nicht das Gefängnis.

Es lohnt sich, die Sichtweise auf Verlangen zu ändern und genau zuzuhören: Deine tiefsten Sehnsüchte, deine geheimsten Wünsche wollen dir etwas erzählen. Es ist die Sprache Lalitas, die Worte deiner Seele, die dir zuflüstert, was du tief in dir drin in deinem Leben kreieren möchtest. Du kannst jetzt berechtigterweise einwenden: Aber wenn ich mir etwas so sehr wünsche, mich nur darauf fokussiere und das dann nicht bekomme, dann leide ich doch? Das ist wahr. Die Kunst des spielerischen und freien Umgangs mit dem Verlangen ist, hinter die oberflächliche Textur zu blicken: Du wünschst dir unbedingt, mit dieser einen Person zusammen zu sein? Dabei geht es dir im Grunde um Liebe, Anerkennung, Intimität, Vertrautheit und Partnerschaft. Die Realität ist: Das kannst du auch mit jemand anderem finden, nicht nur mit diesem einen Menschen. Deine Desires zu identifizieren, auch die ganz profanen, die zweite Ebene dieser Wünsche aufzudecken und dann wieder Verlangen zu entdecken, das du dir überhaupt nicht erklären kannst, ist eine große Kunst, die gleichzeitig unglaublich viel Spaß macht.

## ÜBUNG:
## DEINE DESIRE LIST

Kennst du Mama Gena, die US-amerikanische Gründerin der School of Womanly Arts? Ich liebe sie. Definitiv hat sie mich beeinflusst. Ihre Fähigkeit zum Genuss, ihr im wahrsten Sinne des Wortes un-verschämtes Zugeständnis an ihre Wünsche und die damit verbundene Lebendigkeit beeindrucken mich selbst über den Computerbildschirm. Mama Gena zu erleben, wie sie andere Frauen dazu auffordert zu verlangen, ohne sich dabei kleinzumachen, im Gegenteil, dabei auch noch mit ihren Erfolgen zu prahlen, hat mich inspiriert. Für mich ist Mama Gena Lalita-Energie. Eine der Namen von Lalita ist »Sie, deren Form das Verlangen der Frauen ist«. Mama Gena schafft es, diese herauszukitzeln, und ist damit Inspiration für meine Arbeit.

Eine der ersten Übungen aus dem Programm ist es, eine Desire List zu schreiben, also deine ganzen Wünsche, dein Verlangen in eine Liste zu packen. Diese Übung habe ich »tantrifiziert« oder eher »lalitaisiert«: Wir schreiben diese Liste im ersten Schritt und schauen uns danach an, welche tiefergehenden Desires jeweils dahinterstehen.

Es geht auf der nächsten Seite weiter →

Deine Desire-Liste kann alles umfassen: deine tiefsten, geheimen Wünsche, aber auch die kleinen alltäglichen Verlangen. Wie meine Liste momentan aussieht? Hier ein paar Beispiele: frische Austern auf dem Marché hier in Biarritz essen und einen eisgekühlten Sancerre dazu trinken. Sonntagnachmittage im Bett eng angekuschelt an meinen Freund und meinen kleinen Hund Elmo, ich wünsche mir, Kinderlachen zu hören, einen grandiosen Erfolg des Buches sowie Wachstum für House of Grace, dass es wirklich zu einem Haus werden kann, in dem viele Menschen einfach bunt sie selbst sein dürfen. Außerdem verlange ich die Louis-Vuitton-Multi-Pochette und einen geschmeidigen, heißen Körper.

Diese Wünsche findest du jetzt teils schön, teils oberflächlich? Vielleicht, aber es ist in jedem Fall ehrlich. Und es spiegelt mich wider: meine Liebe zu Genuss, Design, Ästhetik, meine Liebe zu Intimität, meine Liebe dazu, andere Menschen dabei zu unterstützen, authentisch und frei zu leben. Es spiegelt meine Sinnlichkeit, mein großes Herz und meine Liebe zum Frausein, wie ich es für mich definiere. Wenn wir unsere oberflächlichen Wünsche ansehen und unter die Lupe nehmen, dann entdecken wir, dass es nicht um die Multi-Pochette von Louis Vuitton geht. Sondern dass ich in diesem Fall eine bestimmte Ästhetik und ein bestimmtes Design liebe. Die Austern stehen für das Gefühl der Freiheit und Genuss, die kuscheligen Nachmittage für Intimität und Nähe, das Kinderlachen für Unbeschwertheit und Familie. Der geschmeidige, heiße Körper steht für meine tiefe, sinnliche Verbundenheit mit mir selbst.

In dieser Übung darf ich dich deshalb bitten, unverschämt zu verlangen: die großen und die kleinen Wünsche, die geheimen und die nicht so geheimen. Fordere stolz und fordere, ohne zu bewerten. Wenn ich diese Übung mache, dann ziehe ich dazu gern meine goldenen Jimmy Choos an, ich lege knallroten Lippenstift auf oder trage etwas Exaltiertes. Dieses Zurechtmachen kann dir auch helfen, in die Kraft des Forderns, des Eingestehens der tiefen Wünsche reinzugehen.

Es geht auf der nächsten Seite weiter →

Wenn dich das anspricht, suche dir ein entsprechendes Outfit dazu, gieße dir ein Glas Champagner ein oder was auch immer du gern als besonderes Getränk genießt und lass dann den Stift über das Papier fließen. Sei dabei unverschämt. Sei stolz.

Wenn du fertig bist, lies dir deine Desire-Liste in Ruhe Punkt für Punkt durch. Stell dir das Gefühl vor, das entsteht, wenn der Wunsch erfüllt ist. Schwelge in diesem Gefühl der Erfüllung und gehe ganz darin auf. Du kannst danach eine Pause einlegen oder direkt weitermachen, wenn du dich kraftvoll genug dafür fühlst. Ich möchte dich nun bitten, deine Wünsche zu kategorisieren:

- Welche betreffen deine Art zu leben, etwa in Sachen Ästhetik, Genuss, Lebensumfeld?
- Welche betreffen Beziehung, Partnerschaft, Freundschaft, Familie?
- Welche deinen Beruf?
- Welche den generellen Lebensstil?
- Welches Wunschfeld hat den größten Umfang?

**Forsche nun tiefer:**
- In welchem Feld hast du die meisten Desires? Das ist der Bereich, dem du dich besonders widmen darfst.
- Entsteht dieser Wunsch, dieses Verlangen, aus einem Gefühl des Mangels, aus Freude oder einem unbestimmten Verlangen, das du noch nicht zuordnen kannst?

Bitte werte keinen Wunsch als besser oder schlechter. Erinnerst du dich? Im Tantra ist alles Shakti.

**Dann die letzte Prüfung:**
- Sind diese Desires wirklich deine Desires, oder fließen die Wünsche und Vorstellungen deiner Eltern, deines Partners oder deiner Partnerin, deiner Freundin, der Gesellschaft mit ein? Sei auch hier wieder radikal ehrlich.

Es geht auf der nächsten Seite weiter →

Vielleicht möchtest du an dieser Stelle deine Desire-Liste bearbeiten, sodass alle Punkte wirklich nur zu dir gehören.

Platziere deine Wunschliste anschließend für dich gut sichtbar an einem Ort, wo du sie immer wieder durchlesen kannst. Tauche wann immer es geht in die Gefühle ein, die in dir ausgelöst werden, wenn du dir die Erfüllung dieser Wünsche vorstellst.

## Iccha Shakti und die Intuition

Manchmal überraschen dich auch Desires, von denen du nicht wusstest, dass du sie hattest, oder es zieht dich unerklärlicherweise zu etwas Bestimmten hin. Anfang des Jahres 2021, nachdem meine kleine Mini-Maus gestorben war, war Frankreich in meinen Gedanken unglaublich präsent, ohne dass ich wusste, warum. Ich liebte dieses Land und war mehrfach zum Urlaub dort gewesen, sprach aber kein bisschen Französisch. Es war eiskalter Corona-Winter in Schleswig-Holstein und ein möglicher Urlaub sehr weit weg. Aber diese Idee wollte nicht aus meinem Kopf verschwinden: Frankreich, der kleine Hund und ich. Für mindestens einen Monat. Frankreich begann, sich leise einzuschleichen. Ich ertappte mich selbst immer wieder dabei, wie ich Airbnbs suchte, in einer Ecke, in der ich zuvor noch nie gewesen war: Seignosse, Hossegor und Biarritz. Keine Ahnung, warum es diese Orte sein mussten. Ich buchte schließlich für einen ganzen Monat ein kleines Haus am Meer in Seignosse. Ich konnte digital arbeiten, mein Hund Elmo war fit – wieso sollte ich also in Deutschland bleiben, wenn ich das doch auch an der französischen Atlantikküste machen konnte? All das war weniger ein kognitiver Prozess, ich folgte vielmehr einer unbestimmten Sehnsucht in mir. Es war, als spräche etwas zu mir ohne Stimme, es war wie ein magnetischer Sog, der mich nach Frankreich zog. Hätte ich gedacht, dass ich schon in Woche eins meinen Freund kennenlernen und nur ein paar Monate später alles, was ich besaß, verkaufen würde, um in Biarritz zu leben? Nein, absolut nicht. Ich hatte das Bild einer Frau im Kopf, die mit ihrem kleinen Hund, ein paar Koffern und mit wehenden Haaren in die

Freiheit fährt. Hinein in ein ungewisses Abenteuer, von dem sie nicht weiß, was genau es ist, nur, dass sie das genau jetzt tun muss.

Manchmal folgen wir einem unwiderstehlichen Impuls, und dieser verändert unser Leben: Diese Form von Desire wird im Tantra Iccha Shakti genannt. Du bemerkst Iccha Shakti zum Beispiel, wenn sich in uns etwas felsenfest richtig anfühlt, ein Wissen, das keine Pro-und-Kontra-Diskussion im Geist braucht. Iccha Shakti ist zudem das präkognitive Verlangen, also ein Verlangen, bevor es dir bewusstwird, und im Tantra wird es als göttlicher Wille interpretiert. Sie ist die essenzielle Macht, wenn es um den Impuls der Erschaffung geht. Ich habe für dich eine Kontemplation entwickelt, die dich in Kontakt mit Iccha Shakti, deiner Intuition, sowie mit der Frage bringt: Was will ich tief in mir erschaffen?

## ÜBUNG:
## KONTEMPLATION ZU ICCHA SHAKTI

Für diese Kontemplation brauchst du einen Stift und etwas zum Notieren deiner Gedanken. Wenn du dies parat hast, setze oder lege dich ganz bequem hin. Wenn du liegst, achte darauf, dass du nicht einschläfst.

Liege oder sitze erst einmal nur da und entspanne nacheinander Gesicht, Oberkörper und Unterkörper.

Atme einmal tief über den Mund ein und über den Mund wieder aus.

Komm anschließend zu deinem natürlichen Atem zurück.

Es geht auf der nächsten Seite weiter →

Lehne dich in die Ausatmung hinein. Vertrauensvoll.

Atme nicht nur die Vorderseite deines Körpers, sondern auch ganz bewusst deine Rückseite.

Ich möchte dich bitten, dir nun vorzustellen, die Wünsche auf deiner Desire-Liste wären erfüllt. Wie fühlt es sich an? Lächelst du?

Lass das Gefühl in deine Hände fließen. Nimm diese warmen Hände und berühre mit dem Gefühl ganz zart dein Gesicht. Deine Arme. Deinen Bauch. Dein Herz.

Verweile einige Atemzüge in dem Gefühl, dass alle deine Wünsche erfüllt sind.

Stell dir vor, die Luft wäre nicht nur eine chemische Ansammlung von Molekülen, sondern Lalita selbst, die Göttin des Desire, der Manifestation der Schönheit, des Reichtums und Regierens und der Erotik.

Alternativ kannst du dir all diese Attribute vorstellen, die dich in Form von Luft umgeben. Lalita umstreicht deinen Körper. Berührt dein Herz mit dem Einatmen, fließt durch dich hindurch mit dem Ausatmen.

Du kannst in deiner Vorstellung der Luft die Farbe eines Sonnenaufgangs geben, die Farbe, in der Lalita dargestellt wird.

Stell dir vor, wie sie dich hält und berührt, ganz nah bei dir ist. Rosarot, wunderschön, spielerisch, lächelnd.

Dann lass das Gefühl bewusst dein Herz berühren. Was sind die Worte, Bilder, Songs, die in dir dazu entstehen, wenn das ursprünglichste Verlangen dein Herz berührt? Welche Gefühle bringt es zum Anklingen? Dann frage dich bewusst:

- Was will ich in diese Welt bringen?

Es geht auf der nächsten Seite weiter →

Warte auf Worte oder Gefühle. Höre ganz genau zu, was in dir entsteht:

- Was wird durch die Berührung in deinem Herzen wach?
- Was möchte ausgedrückt werden?

Öffne die Augen und beginne sofort niederzuschreiben, was du vor deinem inneren Auge gesehen, gehört, gefühlt hast. Wenn du nichts gefühlt oder gehört hast, ist das auch absolut okay. In diesem Fall wiederhole die Kontemplation einfach und genieße das Gefühl der Wunscherfüllung.

## Es ist okay, Bedürfnisse zu haben

Vermutlich hast du nun mithilfe der Desire-Liste und der Kontemplation eine Vorstellung von deinen Wünschen und was du intuitiv verlangst. Sollte dich das, was du entdeckt hast, stressen, weil du denkst: »Oh Gott, ich befinde mich im Mangelbewusstsein«, oder dir auf der spirituellen Reise beigebracht worden ist, dass du bedürfnisfrei sein solltest, lass dir gesagt sein: Bedürfnisse und Desires zu haben ist absolut menschlich. Es ist nichts Verwerfliches daran, im Gegenteil: Deine Bedürfnisse und Desires zu kennen, zu wissen, woher sie rühren, und sie selbstbestimmt zu leben, schenkt dir Freiheit. Du erlangst ein Glück, das kein temporäres Hoch ist, sondern die Basis von Zufriedenheit in dir wird. Schauen wir uns also deine Desires einmal genauer an.

Im Tantra, aber auch in anderen indischen Philosophien, gibt es vier Grundbedürfnisse:

**Dharma:** deine Aufgabe hier auf Erden. Das kann sich auch auf deinen Job auswirken, muss es aber nicht.
**Artha:** dein Wohlstand und deine elementaren Bedürfnisse.
**Kama:** unser Bedürfnis nach Pleasure.
**Moksha:** die Freiheit.

Wenn wir selbstbestimmt wie Lalita agieren wollen, müssen wir uns mit unseren Wünschen und Verlangen in diesen Themenfeldern auseinandersetzen und ohne Angst in die Selbstbefragung gehen: Wie will ich leben, wie will ich lieben, wie will ich Sex haben, wie möchte ich aussehen, woran glaube ich, wie will ich arbeiten? Es lohnt sich, diese Fragen zu stellen, denn häufig opfern wir unsere eigentlichen Bedürfnisse für die anderer Menschen oder um Erwartungen anderer zu erfüllen. Moksha, die Freiheit, kommt dann ganz automatisch, nämlich dann, wenn du ein selbstbestimmtes, selbst definiertes Leben führst.

Bei meiner eigenen »Lalitaisierung« und Neudefinition folgte ich keinem strikten Plan, ich habe mich spielerisch leiten lassen. Dabei hat eins zum anderen geführt: Die Neudefinition von Schönheit hat mehr Sinnlichkeit, Freude, Körperbewusstsein und eine spielerische Leichtigkeit in mein Leben gebracht, die Sinnlichkeit und der Eros haben mir mehr Macht geschenkt. Die Selbstbestimmtheit in diesen Bereichen half, Grenzen zu definieren, ohne andere auszuschließen, und eine Zero-Bullshit-Policy zu etablieren. Sie schenkten mir Empowerment, Stolz und Würde. Dabei musste ich es nicht einmal mit Strenge durchziehen, es war einfach nur leicht und brachte mir so viel Freiheit, Freude, Liebe und unglaublich viel Spaß in mein Leben. Ich bin mir sehr sicher, dass Lalita hier ihre Finger im Spiel hatte, und ich freue mich so sehr, jetzt die Königin in dir herauszukitzeln.

## Beautifully You

Lalita Tripura Sundari ist ziemlich offensiv. Sie ist extrem verführerisch, die allerschönste Göttin, die man sich nur vorstellen kann, verheißungsvoll und atemberaubend. Stell dir nun vor, ich würde mich selbst so beschreiben. Das findest du unsympathisch? Ich ehrlich gesagt auch. Die Frage ist allerdings: Warum eigentlich?

Im Tantra gibt es unzählige Texte und Praktiken zur Schönheit und Ästhetik. Diese sind weniger auf einen Menschen bezogen. Elementar ist in der Praxis der Ästhetik jedoch der Gedanke, dass der Kontakt mit Schönem die Erfahrung des Staunens und der Freude auslösen und dies eine Form des Verehrens des Göttlichen sein kann. In uns ist eine ästhetische Empfindsamkeit, Sahridayata genannt, und diese ermöglicht uns ein Gefühl der Verbundenheit eben durch ästhetische Freude.

Lass uns dies auf uns selbst anwenden: Was wäre, wenn wir es uns erlaubten, uns selbst durch und durch schön zu finden, nicht als Konzept von Eitelkeit, sondern im Sinne einer Hommage an das Leben? Wie deine Schönheit allerdings aussieht – das kannst nur du selbst entscheiden und auch nur das wird dich glücklich machen. Ich habe mich gefragt, was für mich selbst, nur auf mich und meinen Körper bezogen Schönheit bedeutet. Nun bin ich im Yoga und spirituellen Bereich tätig. Neben dem, was mir gesellschaftlich erzählt wird, gibt es auch ein bestimmtes Idealbild im Yogabusiness. Frauen sind idealerweise gazellengleich und anmutig, haben eine strahlende Haut, die selbstverständlich nur vom Yoga kommen darf. Make-up – hm, eher nur ganz dezent. Ich finde all das super und die Yoga-Elfen wunderschön. An mir selbst liebe ich aber Make-up. Ich liebe Freundinnen, die mit ihren eleganten, langgliedrigen Körpern wunderschön in Yogaposen aussehen. Ich liebe aber auch andere Körperformen. Ich finde Jennifer Lopez und Rihanna mit ihren Kurven unfassbar schön. Ich feiere die Sängerin Lizzo, die mit ihrem Twerk für mich personifizierte Sexiness ist. Mein Spirit Animal ist Beyoncé, und ich liebe an mir selbst Kurven, den großen Po und die großen Brüste, die langen Haare und vollen Lippen. All das ist nicht unbedingt natürlich, aber es ist zu 100 Prozent echt: Das bin ich. So möchte ich aussehen. So empfinde ich mich von innen nach außen.

### Was schön ist, definierst du selbst

Ich habe mich aber die Jahre davor über genau das lustig gemacht: Über Extensions, Boob-Jobs, über Frauen, die all das und mehr machen. Was dahintersteckte? Ich wollte es eigentlich auch. Ich fand es schön, dachte aber, ich dürfte es mir nicht erlauben, denn: Was würden die anderen sagen? Muss ich mich nicht immer so akzeptieren, wie ich bin? Ist es mangelnde Selbstliebe, wenn ich mir beispielsweise Extensions anklebe? Heimlich wünschte ich mir aber etwas anderes. Okay, ich verrate dir jetzt ein peinliches Geheimnis. Ich sagte mir innerlich heimlich: »Sandra, wenn du mal heiratest, dann machst du all das, damit du an diesem Tag so aussiehst, wie du das von Herzen gern möchtest.« Wenn ich heute darüber nachdenke, finde ich das so traurig: Warum sollte man warten, bis man heiratet, um sich superhot und schön zu finden? Die Zeit, in der ich mich nicht ausgedrückt habe, wie ich das eigentlich wollte, mir meine Vision von Schönheit von mir nicht eingestand, ging einher mit einer Art Selbstverzwergung. Ich machte mich kontinuierlich über mich selbst lustig. Meine Instagram-Storys waren voll von hässlichen Grimassen und unvorteilhaften Bildern. Versteh mich nicht falsch, ich finde Selbstironie und Uneitelkeit super. Aber die Massivität, mit der ich ein Doppelkinnfoto nach dem anderen postete, war nicht die Aktion einer sich selbst liebenden Frau, sondern einer im Inneren unsicheren. Indem ich mich kleiner und hässlicher machte, nahm ich unbewusst vorweg, dass man mich unattraktiv finden könnte.

Idealerweise dachte man dann, wenn man mich in echt oder auf anderen Bildern sah: »Ach, guck mal, so schlimm sieht die ja gar nicht aus.« Das Hässlichkeitsmobbing meiner Kindheit hatte mich also immer noch verfolgt.

### Radiant Being

Ich entschloss mich in meiner Lalita-Praxis bewusst dazu, mit über 40 so radikal für mich selbst schön zu sein, wie ich es wollte, wie ich es für mich definiere. Ich wollte mir endlich erlauben, so auszusehen, wie ich es mir wünschte. Nicht für einen Mann, nicht für die Yoga-Community, für niemanden sonst als für mich selbst. Das Ergebnis ist, dass mir die Definition meines Äußeren, mein kreativer Ausdruck als Sandra in der Welt auch eine innere Haltung gegeben hat. Ich habe für mich bestimmt. Das macht mich stolz, im Sinne von stark und würdevoll. Das verstehen einige im Außen nicht, weil sie meine Definition von meiner Schönheit zu klischeehaft finden. Aber das müssen sie auch nicht. Es ist immer unser Inneres, das der Kompass sein sollte, nicht die Meinung anderer. Ich werde dich aber nicht anlügen, mit meinem Hintergrund behalte ich natürlich meine Liebe zur Veränderung kritisch im Blick, sie kann auch ins Gegenteil umschlagen. Daher überprüfe ich immer wieder: Ist das, was ich machen möchte, etwas, das ich tue, weil ich es richtig gut finde? Oder erhoffe ich mir etwas davon oder denke, ich bin dadurch »mehr wert«? Wenn Letzteres der Fall ist, lasse ich es sein und sitze erst einmal mit dem Gefühl dahinter, mit genau den Methoden, die du schon kennengelernt hast.

Bitte versteh mich nicht falsch: Es geht bei diesem Beispiel aus meinem Leben nicht darum, was ich genau gemacht habe. Es geht darum, dass du dich kreativ ausdrücken darfst. Es geht darum, dass du keiner auferlegten Definition folgen musst, sondern für dich bestimmst und dir die Erlaubnis gibst, dich verdammt hot und schön zu fühlen. Es geht darum, sich zu trauen, sich selbst neu zu definieren. In welcher Form deine Ästhetik und deine Schönheit dann leuchtet, ist vollkommen egal. Du würdest gern einen Avantgarde-Haircut und nur noch selbst designte Kleider tragen, weil du dich dann unwiderstehlich findest? Girl, go for it! Du möchtest auf Make-up verzichten und immer all-natural sein? Wie toll, ich feiere dich! Du möchtest dich nur noch in Samt und Seide kleiden und meterlange Haare haben? Mach! Das Leben ist zu kurz, um sich nicht wie eine Königin zu fühlen. Du hast es jeden fucking Tag verdient, dich so zu fühlen. Du darfst dir selbst eine Ikone sein und dich neu erfinden – immer und immer wieder.

### Eine kleine Warnung vorweg

Das wird allerdings nicht jedem gefallen. Ich bekomme beispielsweise auch viel Kritik. Eine enge Freundin beendete die Freundschaft, nicht wegen meiner Persönlichkeit oder weil ich etwas Verletzendes getan habe – meine Instagram-Bilder triggerten sie. Nicht der Inhalt der Posts, nur die Fotos, und zwar so stark, dass sie dies nicht mit ihren Werten vereinbaren konnte. Dabei habe ich mich als Mensch innerlich nicht verändert. Nur das Äußere wurde bunter. Ich bekomme auch immer wieder Feedback, dass ich zu künstlich aussehe oder zu kurvig bin. Eine Sportmarke stattete etwa ein Event aus, auf dem ich unterrichtete, und schickte mir als einziger Lehrerin ein riesiges, weites Shirt, alle anderen bekamen ein sexy Cropped Top. Ich gab meine Yogastunde kurzerhand nur mit Sport-BH und Leggins und, ja, ab und zu sah man eine Bauchrolle. So what? Die Kritik trifft mich nicht mehr.

Der Zauber, wenn du dich für dich selbst definierst, ist, dass du zu 100 Prozent hinter dir stehst. Ich sehe im Außen so aus, wie ich mich im Inneren fühle, und bin superglücklich damit. Wenn das jemandem nicht gefällt, ist das überhaupt kein Problem. Aber ich werde mich nicht mehr danach richten, wie andere mich gern sehen möchten. Und ich wünsche mir für dich genau das Gleiche. Ich wünsche mir, dass du in den Spiegel siehst und denkst: »Verdammt, du bist heiß!«, und dir dabei zulächelst. Ich glaube, dass dies unsere Schönheit ausmacht: unsere innere Zufriedenheit und unser Wohlfühlen. Die Ausstrahlung, wenn wir unsere Kreativität, unsere Ästhetik, unsere Sinnlichkeit und unser Verlangen leben. Wenn wir selbstbewusst dazu stehen, wer wir sind.

## **ÜBUNG:**
## DEIN AUFBLÜHEN

Ich möchte dich bitten, an dieser Stelle alle sozial erwünschten Antworten zu Schönheit aus dem Kopf zu streichen. Niemand außer dir kann dafür sorgen, dass du dich schön fühlst. Das heißt, es geht schon, aber du machst dich unfrei, wenn du dies in die Verantwortung anderer legst. Du bist diejenige, die sich selbst die Flügel verleiht. Halte es wie Emma Stone, die US-Schauspielerin. Sie hat in einem Interview gesagt: »Ich kann mir keine bessere Repräsentation von Schönheit vorstellen als jemand, die sich nicht scheut, sie selbst zu sein.« Lass uns also erforschen, was Schönheit für dich bedeutet:

- Was verbindest du mit dem Wort »Schönheit«?
- Was sind positive Aspekte, was sind negative Aspekte für dich?
- Inwiefern lehnst du »schön sein« ab?

Es geht auf der nächsten Seite weiter →

- Was verurteilst du an anderen Frauen? In welchem Zusammenhang steht dies mit dir? Wieso verurteilst du es?
- Hast du das Gefühl, abgewertet zu werden, wenn du schön bist?

Mach hier gern eine Pause und lass das auf dich wirken. Was wir an anderen abwerten, hat häufig damit zu tun, was wir uns wünschen, oder es ist mit unangenehmen Situationen und Erlebnissen verbunden. Überprüfe dies. Frage dich, ob es wirklich das Aussehen ist oder ob da noch mehr dahintersteckt: Erlaubst du dir Kreativität, Lebensfreude, Mut, Sexiness et cetera oder denkst du, das gilt nicht mehr für dich? Wertest du dich selbst ab, etwas, das ich bei Frauen ab 40 häufig beobachte? Ganz schrecklich finde ich den Satz: »Kuh oder Ziege, du musst dich jetzt mit 40 entscheiden«, was so viel bedeutet wie entweder dicker zu werden und keine Falten zu haben oder dünn zu sein und Falten zu haben. Was ist das für eine Sprache mit sich selbst? Was für ein Bild kreieren wir damit? Damit müssen wir brechen! Daher: Sei radikal ehrlich mit dir selbst. Definiere dann für dich neu:

- Wann fühlst du dich unwiderstehlich schön?
- Wie siehst du dann aus?
- Was tust du? Was trägst du? Wie bewegst du dich?
- Welches Gefühl entsteht und drückt sich dadurch im Außen aus?
- Denk an meine Hochzeitsgedanken: Hast du auch eine Wenn-dann-Situation im Kopf? Denk daran: Vielleicht kommt dieser Tag, diese besondere Gelegenheit nie.
- Was würde passieren, wenn du jetzt leben würdest, was du dir heimlich wünschst?
- Wie würdest du aussehen, wenn dein Äußeres deine innere Ästhetik und Kreativität widerspiegelte?

In meiner Feminine-Awakening-Ausbildung gab es eine wunderschöne Frau, nennen wir sie Lisa. Sie hatte traumhaft lange, wunderschöne Haare, die in Kaskaden über ihre anmutigen Schultern flossen. Lisa gab alles in diesem Training, drehte sich von rechts auf links und zurück, nahm anschließend fundamental in sich selbst Platz – und schnitt sich die Haare radikal kurz ab. Sie hatte sich dies

Es geht auf der nächsten Seite weiter →

heimlich schon immer gewünscht, die langen Haare boten aber immer eine Art Versteck für sie. Sie fand sich selbst hinreißend mit den kurzen Haaren. Und nicht nur sie. Ihr Freund war begeistert, in der Ausbildung flippten alle aus, sie bekam von Wildfremden Komplimente, wie weiblich und selbstbewusst sie wirke. Ihr schönes Gesicht und ihre lebendigen Augen strahlten. Dabei ging es gar nicht um lange oder kurze Haare. Es war Lisas Entscheidung, sie selbst auch im Außen zu sein, die sie so strahlen ließ.

Wie kannst du es umsetzen, dich auch so zu fühlen? Ein erster Schritt ist, dass du jeden Tag etwas tust, mit dem du dich schön fühlst. Ich sitze etwa gerade jetzt mit knallrotem Dior-Lippenstift vor dem Bildschirm, obwohl mich wirklich niemand sieht. Du kannst dir ein Stilikonen-Moodboard erstellen mit Frauen, die du umwerfend findest, und dich ganz in die Energie der Bilder hineingeben. Du kannst aber auch zum Großen übergehen und dich neu erfinden. Mit 55 Jahren Haare bis zum Po? Habe ich gesehen und fand ich toll. Wer sagt, dass lange Haare ein Altersverfallsdatum haben? Fühle dich frei, dich so auszudrücken, wie es deinem Inneren entspricht. Gönne dir jeden Tag deine Portion Schönheit und schwelge in dem Gefühl. Sieh dich im Spiegel an und finde etwas, das du als schön empfindest. Der Schwung deiner Augenbrauen. Die Weichheit deiner Haut. Denke an Sahridayata, die ästhetische Empfindsamkeit als spirituelle Praxis, und lass dich von deiner eigenen Ästhetik berühren. Du hast verdammt noch mal das Recht, dich schön zu fühlen, denn du bist umwerfend. Du bist bezaubernd. Du hast es so verdient.

### Warum dein individueller Ausdruck von Schönheit Rebellion sein kann

Gerade in Deutschland erlebe ich eine Art Ablehnung von Schönheit. Ich habe manchmal das Gefühl, dass sich das nationalsozialistische Frauenbild über die Generationen hinweg immer noch in unserem kollektiven Unterbewusstsein manifestiert: Die ideale Frau ist selbstlos, treu, Mutter, pflichtbewusst, opferbereit und leidensfähig. Sie ist gesund und natürlich, aber vollkommen uneitel. Sie ist gleichwertig, aber nicht gleichrangig. Bescheidenheit ist ihre Zier. Unbewusst finden wir diese Strukturen noch immer in unseren Annahmen und Bewertungen. Ich finde, wir haben die Pflicht, damit zu brechen. Wenn du dich für dich neu definierst, selbstbestimmt deine Vision von dir kreierst, ist das nicht nur für dich großartig, du lebst damit auch anderen Menschen vor, freier zu denken, und wirst zur Inspiration für dein Umfeld. Du kannst der Start einer Bewegung sein. Lass uns dich so groß und stark und stolz und schön und großartig machen, wie es nur geht. Einer von Lalita Tripura Sundaris Namen ist »Sie, die Vergnügen am Regieren hat«. Genau das darfst du auch: als Königin in deinem Leben selbstbestimmt definieren und regieren.

## Love Affair: Wie willst du daten, lieben und eine Beziehung leben?

Wenn du mein Journal aufschlagen und den Eintrag vom 1. Januar 2021 lesen würdest, dann würdest du unter anderem diese Punkte hier lesen. Ich habe sie auf Englisch in mein Journal geschrieben, aber auch noch einmal für dich übersetzt:

1. Be a »non-fuckable-with«-Queen in any circumstance.
2. Men need to show interest in any circumstance.
3. Never talk bad about exes.
4. Stick to your standards. Don't settle for less.

**Auf Deutsch:**

1. Sei unter allen Umständen eine »non-fuckable-with«-Königin.
2. Männer müssen, unter allen Umständen, Interesse zeigen.
3. Niemals schlecht über Ex-Freunde und -Affären reden.
4. Bleibe bei deinen Ansprüchen. Gib dich nicht mit weniger zufrieden.

Diese Regeln hatte ich mir aufgeschrieben, weil ich 2021 felsenfest entschlossen war, zu 100 Prozent ich zu sein und alte Verhaltensmuster zwar zu honorieren, sie aber unter keinen Umständen mehr mein Leben bestimmen zu lassen. Die Formulierung der Regeln als erster Schritt hat mir geholfen, mich auf das einzustimmen, was ich wirklich wollte: Ich war absolut zufrieden damit, Single zu sein, aber die Mechanik meiner Beziehungen, egal ob Zwischenbeziehung – ich mag das Wort »Affäre« nicht – oder feste Partnerschaft, sollte und musste sich anders anfühlen. Ich wollte Wertschätzung, Leidenschaft, Bekenntnis, Füreinander-da-Sein und klare, ehrliche Kommunikation. All das musste ich allerdings lernen. Ich hatte beispielsweise eine wundervolle Zeit mit jemandem, und es war absolut klar, dass daraus keine feste Beziehung werden würde. Er war nicht nur 17 Jahre jünger, sondern als Profisportler auch in der Welt unterwegs. Die Zeit, in der wir in Kontakt waren, war jedoch von Wertschätzung, Spaß und offener, ehrlicher Kommunikation geprägt. Ich habe mich getraut zu sagen, wenn etwas für mich nicht passend war, nicht in einer anschuldigenden Art und Weise, sondern immer authentisch. Zugegebenermaßen brauchte ich dafür ab und zu die Hilfe einer Therapeutin, die tatsächlich mit mir WhatsApp-Nachrichten formulierte: Ich wusste einfach nicht, wie diese Form von Kommunikation geht. Ich kannte nur Drama, Liebesschwüre, die Opossumstrategie des Totstellens oder das Eiskaltsein. Natürlich habe ich auch in dieser kurzen Zeit Phasen gehabt, in denen ich wie früher gelitten habe, weil meine persönliche No-Go-Grenze überschritten wurde, aber ich habe diese erkannt und klar kommuniziert, was ich brauche. Immer mit dem Ergebnis, dass dies von meinem Gegenüber wertgeschätzt wurde. Mein wichtigstes Learning aus dieser Zeit: Mach dir klar, wie du behandelt werden möchtest UND wie du wiederum anderen begegnest. Sei dir im Klaren darüber, was du in einer Beziehung oder Zwischenbeziehung bereit bist zu geben und was du empfangen möchtest. Schätze deine Werte und stehe zu deinen Bedürfnissen in romantischen Beziehungen. Glaube nicht, du müsstest eine bedingungslose Liebe leben. Eine bedingungslose Liebe geht vermutlich nur mit Kindern (den eigenen) und Haustieren.

## Verschiedene Beziehungstypen

In der Zeit, in der ich mich strikt an meine neu gesetzten Standards gehalten habe, fühlte ich mich stark. Aber natürlich hatte ich auch ab und an Momente, in denen ich mich sehr nach einer Beziehung sehnte. In einem solchen Moment, als ich traurig war, sagte eine Freundin mir: »Vielleicht willst du zu viel und hast zu hohe Ansprüche.« Ich weiß, sie hat es nur gut gemeint. Aber ernsthaft: Willst du eine Beziehung leben nur um der Beziehung willen? Fuck, no! Ich würde lieber ein Leben lang Single bleiben und die Zwischenbeziehungen genießen, als eine Partnerschaft mit jemandem einzugehen, den ich nur gewählt habe, weil ich denke, ich bekomme nichts Besseres. Wie schlimm ist das auch für den Partner? Überhaupt dürfen wir den Glauben, dass jede Frau nur in einer Beziehung glücklich sein kann, infrage stellen. Ich kenne Frauen, die absolut kein Bedürfnis nach einer Partnerschaft haben und ein freies, glückliches, erfülltes Leben führen. Sollte das nicht das Ziel sein? Ein Leben, mit dem wir zutiefst zufrieden sind? Wenn du also keinen Wunsch nach Partnerschaft hast, ist das absolut okay. Wenn du aber gern in eine Beziehung gehen möchtest, ist es unglaublich hilfreich, seine Bedürfnisse und seinen Attachment-Typ zu kennen. Das Buch Attached von Dr. Amir Levine und Rachel S. F. Heller, M. A., hat mein Leben verändert. In ihrem Buch erklären sie die elementaren Beziehungstypen – den sicheren, den ängstlichen und den vermeidenden Beziehungstyp.

Der sichere Beziehungstyp stellt es außer Frage, dass er oder sie liebenswert ist. Er genießt Intimität und Nähe, aber genauso auch Zeit für sich allein. Sichere Beziehungstypen gehen davon aus, dass Konflikte lösbar sind, und scheuen sich nicht davor, um Unterstützung zu bitten. In stressigen Zeiten sind sie für den Partner da und sehen es als selbstverständlich an, Liebe, Nähe und Unterstützung zu geben. Sie sind klar in ihrer Kommunikation, zugewandt, können aber auch Grenzen setzen und akzeptieren.

Ängstliche Beziehungstypen sind weniger gut in der Lage, Stress zu regulieren. Sie interpretieren schnell Handlungen als ein Zeichen von Ablehnung, sie sind hypersensitiv, was das Thema Verlassenwerden angeht. In Beziehungen können sie als bedürftig und emotional intensiv wahrgenommen werden. Sex sehen sie als Indikator für eine gut laufende Beziehung und nutzen diesen auch als Rückversicherung. Konflikten begegnen sie mit Drama oder aber auch mit totalem Rückzug, der etwa bestrafend wirken soll.

Der vermeidende Typus fühlt sich unwohl in engen Beziehungen mit viel Commitment. Er zieht häufig unverbindliche Beziehungen oder One-Night-Stands einer dauerhaften Beziehung vor. Er fühlt sich schnell eingeengt. In Stresszeiten ziehen sich vermeidende Typen eher zurück, als bei anderen Unterstützung zu finden, und sie sind weniger gut in der Lage, ihren Partner oder ihre Partnerin bei deren Unsicherheit zu unterstützen.

Egal, welcher Beziehungstypus du bist: Keiner ist falsch. Diese Theorie kann aber ein Hilfsmittel für dich sein festzulegen, welche Bedürfnisse du hast und was dich zu einem sicheren Beziehungstypus werden lässt.

### Meine 7-Punkte-Strategie

Im Rahmen meines eigenen inneren Lalita-Empowerment-Makeovers ordnete ich mich als ängstlicher Beziehungstypus ein und fand das zunächst einmal wenig schmeichelhaft. Ich wollte doch königinnengleich und wie Lalita durch mein Leben schreiten! Seine angeblichen Schwächen aber vollkommen anzuerkennen, hat etwas Regierendes, einfach, weil du bestimmst. Als ängstlicher Typ brauche ich viel Rückversicherung. Was in unzähligen Datingratgebern empfohlen wird – das Spiel mit dem Geheimnisvollen, der Rückzug und das

Nicht-verfügbar-Sein –, hatte bei mir wirklich noch nie dazu geführt, dass ich eine erfüllte, schöne Beziehung führte. Dennoch hielt ich mich früher daran. Dabei sind die Menschen, die man mit einem mysteriösen Verhalten anzieht, vor allem eins: vermeidende Beziehungstypen, die es so richtig super finden, dass sie keine feste Bindung eingehen müssen – und genau das wollte ich doch nicht. Ich beschloss für mich, in der nächsten Datingphase absolut klar zu sein, und legte Folgendes fest:

**Punkt 1:** Mich nicht sofort auf einen Menschen festzulegen, denn ich neige dazu, den anderen in den Himmel zu erheben und mich sofort diesem einen Menschen zu verschreiben, ohne ihn wirklich zu kennen.

**Punkt 2:** Mein Bedürfnis nach viel Kommunikation und Sicherheit mitzuteilen. Wenn ich mir vorstellen konnte, dass es weitergeht, kommunizierte ich klar, dass ich es brauche, eng in Kontakt zu sein und jeden Tag Nachrichten zu bekommen. Wenn mein Date damit nicht einverstanden ist – kein Problem, aber dann ist es an dieser Stelle zu Ende. Mir war es lieber, einen schnellen Cut zu machen, als meine Zeit mit Rätseln, wann er wohl wie schreiben wird, zu verbringen. Und ich wusste: Ich falle früher oder später in dieses Kaninchenloch, wenn nicht von Anfang an klar ist, wie ich behandelt werden möchte.

**Punkt 3:** Erst einmal kein Sex, jedenfalls nicht, wenn ich ernsthaft an dem Menschen interessiert bin. Ich laufe in Gefahr, mich sofort zu verlieben, wenn ich mit jemandem schlafe. In vielen spirituellen Traditionen wird dies so erklärt, dass du als Frau dich energetisch für den Mann öffnest, wenn du mit ihm schläfst, und damit mit ihm verbunden bist. Mehr noch: Er kann sogar bis zu sieben Jahre von deinem Energiesystem ziehen. Ob das wahr ist oder gleichermaßen für Frauen gilt, die mit Frauen schlafen, weiß ich nicht. Aber es erinnert mich daran, was Kavitha Chinnaiyan, Gründerin des Śabda Institute, Tantra-Lehrende, Medizinerin und Autorin, schrieb: »Im Tantra ist es als Frau deine Aufgabe, die Energie des Eis zu schützen.« Man sollte sich also dreimal überlegen, wen man so tief in sich hineinlässt und aus welchen Gründen man mit demjenigen schläft.

**Punkt 4:** Keine Scheu zu haben auszusprechen, wie ich mich fühle, ohne dabei in Vorwürfe zu verfallen.

**Punkt 5:** Keine Vorurteile und sich nicht in das Potenzial von jemand verlieben. Achte mehr auf die Energie der Person, wie sie sich zu dir bekennt, wie sie dich behandelt, als auf das Alter, das Aussehen und den Status. Lass die Handlungen sprechen, nicht eine eventuelle Zukunft.

**Punkt 6:** Ich muss ein gewisses Bemühen sehen. Für mich ist es wichtig, dass mir zuerst geschrieben wird, ich zuerst nach dem Date gefragt werde, mir die Tür aufgehalten wird et cetera. Für mich ist das ein Zeichen von Wertschätzung, die ich für mich sehen möchte.

**Punkt 7:** Selbstachtung und Würde. Früher dachte ich, das bedeutet, dramatisch den Rückzug anzutreten, schweigend und hoch erhobenen Hauptes zu gehen, wenn etwas nicht läuft. Mittlerweile weiß ich, dass du Selbstachtung und Würde verkörperst, wenn du klar und wertschätzend kommunizierst, was du möchtest, und dafür einstehst.

### Erfüllte Beziehungen sind jederzeit möglich

Als ich mit dieser sehr einfachen Liste nach Frankreich fuhr, war ich einfach nur entschlossen, das Daten zu üben und meine Regeln anzuwenden. Ich hätte niemals damit gerechnet, dass ich tatsächlich diese unglaubliche Liebe finden und eine so schöne Beziehung führen würde. Ich wache immer noch auf und kann es kaum fassen, mein Leben mit einem Partner zu teilen, mit dem ich lachend durch die Küche tanzen, den heißesten Sex haben und gleichzeitig Astro- und Quantenphysik diskutieren kann. Jemand, mit dem ich leidenschaftlich streiten, dem ich aber genauso gut auch »Es tut mir leid« sagen kann. Ich habe einen Menschen getroffen, der mir jeden Tag hilft, Sicherheit in mir zu finden. Der mich unterstützt und täglich inspiriert, das Leben aus neuen Blickwinkeln zu betrachten. Gemeinsam haben wir eine Vision von unserem Leben entwickelt und leben jeden Tag diese Vision und unsere Werte. Ich habe lange nicht geglaubt, dass diese Form von Liebe für mich möglich ist. Sie ist in mein Leben getreten, als ich beschloss, für mich selbst einzustehen und mich genau zu kennen. Ob diese Liebe ewig halten wird? Wer weiß das schon? Würde das Leben danach für mich weitergehen? In jedem Fall, und zwar mit der Gewissheit, dass du, ich, jeder und jede zu jeder Zeit des Lebens eine erfüllte Beziehung leben kann. Mit sich selbst und mit anderen.

Bitte lass dir von niemandem etwas anderes erzählen. Die unsäglichen Sprüche, die ich ab einem gewissen Alter hören musste und die vielleicht auch du hören musst, etwa dass es ab 35 wahrscheinlicher ist, von einem Bus angefahren zu werden, als einen Partner zu finden, oder Ähnliches, kannst du aus deinem Gehirn streichen. Mir sagte ein Bekannter, selbst Ü50 und Single: »Sandra, es ist verdammt schwer für dich, mit 44 jemanden zu finden. Männer orientieren sich nach unten und du bist zu alt und zu klug. Warum sollte ich eine Gleichaltrige daten, wenn ich mit einer knackigeren 28-Jährigen zusammen sein kann?« Gegenfrage: Wer hat gesagt, dass ich mit einem Mann wie ihm,

Ü50 und mit allerhand Gepäck, zusammen sein möchte? Er hat nicht recht behalten. Es war in meiner Singlezeit nicht nur sehr einfach, jemanden kennenzulernen, egal ob deutlich jünger, gleich alt oder älter als ich; die Anwendung meiner selbst definierten Regeln hat auch dazu geführt, genau den richtigen Partner für mich auszuwählen. Meine Regeln sind dabei auch nur das: meine eigenen. Es ist für dein Empowerment wichtig, dass du deine eigenen Regeln festlegst. Auch in einer Beziehung kannst du davon profitieren: Wenn ihr über eure Bedürfnisse sprecht, diese honoriert und eine offene Kommunikation etabliert, wird das auch die Beziehung neu beflügeln.

## ÜBUNG:
## BEDÜRFNISSE UND WERTE FESTLEGEN

Deine Bedürfnisse sind nicht verhandelbar. Sie sind die elementaren Grundpfeiler, die du brauchst, um in einer Beziehung glücklich zu sein. Noch einmal zur Erinnerung: Wenn andere diese nicht erfüllen können, bedeutet das nicht, dass dieser Mensch ein Vollpfosten ist. Es bedeutet einfach, dass der Mensch nicht zu dir passt. Nicht mehr und nicht weniger. Mit diesem Wissen schreibe nun auf, was du benötigst, um in einer Beziehung wahrhaft glücklich zu sein. Frage dich:

- Welche Werte möchte ich in meiner Beziehung leben?
- Wie soll sich diese Beziehung anfühlen?
- Was brauche ich, um in einer Beziehung glücklich zu sein?
- Was sind meine Deal-Breaker in einer romantischen Beziehung?
- Welche Qualitäten bringe ich in eine Partnerschaft und welche schätze ich?
- Was möchte ich nicht mehr erleben?

Es geht auf der nächsten Seite weiter →

Für mich waren Werte wie Leichtigkeit, Leidenschaft, viel Emotion, viel Körperkontakt, viel Sex, Liebesbekundungen in Worten und Taten, klares Bekenntnis, der gleiche Humor und tiefgehende Gespräche wichtig. Ich wünschte mir gemeinsame Visionen für unser Leben. Ich legte für mich fest, dass ich etwa meine volle Unterstützung sowie Liebe in Wort und Tat in die Beziehung einbringe. Für manche ist das vielleicht eine Albtraum-Definition, wichtig aber ist, was wir individuell fühlen. Es gibt keine Quick-Fix-Lösung für alle. Aber wundervolle, einzigartige Ansätze für jeden Menschen.

## Die eigene Sinnlichkeit und Erotik in Besitz nehmen

Den Ausdruck »in Besitz nehmen« verbinde ich mit Lalita Tripura Sundari. Wenn ich an Lalita denke oder mit ihr praktiziere, richte ich mich automatisch etwas mehr auf, werde präsenter in meinem körperlichen Ausdruck und klarer im Geist. Sie ist nicht nur die schönste, königlichste der Göttinnen mit Spaß am Regieren, sondern auch diejenige, die ganz klar mit Erotik verbunden wird. Das Lalita Sahasranama Stotram zählt ihre tausend Namen auf, darunter so verführerische, eindeutige Namen wie »die, die mit erotischen Gefühlen erfüllt ist«, »sie, die das Verlangen der Frauen ist« oder »sie, deren Form das sexuelle Verlangen ist«.

Im Prapanchasara Tantra wird beschrieben, dass ihre Anbetung einen solchen amourösen Effekt auf die Praktizierenden hat, dass selbst ein – ich übersetze mal frei – »abgehalfterter, alter, hässlicher, impotenter Mann« nicht nur mit einem einzigen Blick von Lalita vollkommen »wiederhergestellt« wird, sondern dass auch himmlische Yoginis herabsteigen, schwer atmend vor Lust, und sich ihm darbieten – so stark sei die erotische Kraft von Lalita.

### La vie en Éros

Nachdem ich meine Scheu vor Lalita abgelegt und begonnen hatte, intensiv mit ihr zu praktizieren, kickte auch die Erotik und Sinnlichkeit in mein Leben, sowohl im sexuellen als auch nicht sexuellen Sinn. Es war, als wäre in mir ein Lichtschalter umgelegt, nein, eine ganze Filmsetbeleuchtung eingeschaltet worden. Gefühlt war ich kontinuierlich in einen rosigen Schimmer getaucht, die ganze Welt wurde für mich erotisch. Vielleicht war es der Frühling, die tiefe innere Zufriedenheit, das französische Flair, das ich Anfang des Jahres in meine vier Wände brachte. Alles wurde für mich sinnlich, und ich verstand auf einmal den Begriff »Eros der Welt«.

Wenn ich mit Elmo in den Wald spazieren ging, fühlte ich, dass mich die Luft streichelte. Ich blieb stehen, ließ mich von den Sonnenstrahlen kitzeln und spürte innerlich nach, wie sie sich unter der Haut anfühlen. Ich wollte alles tasten, riechen, fühlen, schmecken. Ein Abendessen konnte nach Kindergeburtstag aussehen, weil ich die Mousse au Chocolat nicht nur appetitlich in der schönsten Schale anrichtete, sondern sie mir auch um den Mund schmierte, weil ich die Textur fühlen wollte und nur den nackten Löffel erst einmal ableckte,

um zu erfahren, wie Metall eigentlich schmeckt. Vor dem Schlafengehen tauchte ich gern in Traumreisen ab: eine heiße Salsa-Nacht auf Kuba. Ich stellte mir vor, wie ich an einem karibischen Strand stehen würde. Leicht außer Atem und mit einem breiten Lächeln, weil wir so ausgelassen getanzt hatten. Der Geruch von Rum, Kokos, Tabak und etwas Undefinierbarem in der Luft, vermutlich die Süße des Lebens. Ich spürte die warme Luft auf meiner Haut, die kleinen Schweißtröpfchen, die meinen Nacken hinunterrollten. Die Struktur der Palme, an die ich mich lehnte, und die vibrierende Lebendigkeit in meinem Körper. Das alles, obwohl ich im norddeutschen Winter gemütlich im Bett lag. Alle meine Fantasiesinne und meine tatsächlichen Sinne wurden unglaublich lebendig, die Welt automatisch bunter. Ich begann, jeden Tag mit der Welt zu flirten, und alles wurde auf einmal so – leicht.

## Die Kraft der Kundalini

Im Tantra wird gesagt, dass Frauen die kraftvolleren Praktizierenden sind und schneller die Früchte der Praxis ernten, einfach weil wir eine Scheide, eine Yoni, haben. Durch die Öffnung der Yoni haben Frauen einen direkten Zugang zur Kraftquelle, die im Becken ruht: der Kundalini. Diese Kundalini-Kraft wird häufig als schlummernde Schlange dargestellt und findet sich auch unter anderen Namen in anderen spirituellen Traditionen. Im Tantra geht es unter anderem darum, diese Energie auf- und absteigen zu lassen. Zunächst muss sie aber durch verschiedenste Techniken geweckt werden.

In vielen Schriften lesen wir, dass die Kundalini-Kraft wie eine Nadel blockierte Energiezentren, die sogenannten Chakren und Bindus, durchstößt und damit auch innerliche Blockaden auflöst. Der Sitz dieser Kraft ist der Schoß, zu dem wir als Frauen einen direkten Zugang haben. Deine Yoni ist in der tantrischen Tradition viel mehr als nur ein sexuelles Organ. Sie ist der Zugang und das Geheimnis deiner Kraft. Eine Übersetzung von Yoni ist etwa »die Quelle«; dies verweist darauf, dass sie der direkte Zugang zu deiner Lebenskraft ist. Unsere Yoni verbindet uns mit einer tiefen intuitiven Weisheit und mit dem Frausein.

## ÜBUNG:
## SHRIM UCCARA: DIE KUNDALINI KITZELN

In dieser Praxis lassen wir ein sogenanntes Bija-Mantra, ein einsilbiges Mantra, aufsteigen und wieder absteigen. Das Bija-Mantra, das wir hier nutzen, ist Shrim (»schriem« ausgesprochen), es steht für die Süße und Schönheit des Lebens. Das Mantra ist mit den Göttinnen Lalita und Lakshmi verbunden, die du im nächsten Kapitel kennenlernen wirst.

In der Praxis ist es wichtig, dass du aufrecht sitzt, du kannst dich auch gern auf einen Stuhl setzen. Stell dir vor, dass in der Mitte deines Körpers eine goldene Säule aus Energie fließt.

Lege dir eine Hand an die Vulva, auf Höhe der Vagina, und eine Hand auf den Scheitel.

Stell dir eine Verbindung zwischen diesen beiden Punkten vor – das ist die Energiesäule in deinem Körper.

Wenn du das Gefühl dafür hast, nimm die Hände einmal weg. Atme ein und konzentriere dich auf deinen Uterus. Beginne, das Mantra Shrim zu intonieren und schicke es die Säule hoch. Stell dir vor, das »m« von Shrim vibriert auf Höhe der Gebärmutter, auf Höhe des Herzens, im Hals, in der Mitte des Kopfes. Das hört sich dann vermutlich so an: »Shriemmmmmmmmmmmm«.

Intoniere es so einige Minuten, am effektivsten ist es, wenn du diese Übung mindestens neun Minuten lang machst. Am Ende leg dich gern ein wenig hin und lass die Energie nachwirken.

Wenn wir die sexuelle, erotische Kraft unserer Yoni negieren, trennen wir uns von unserer Lebenskraft. Wenn wir unseren Schoß aber wieder in Besitz nehmen, entdecken wir erneut diese Kraft, die uns ganzheitlich aufblühen lässt. Diese Kraft ist losgelöst von einem anderen Menschen, von Sex, von Liebe. Dein erotisches, sinnliches Potenzial ist auch eine spirituelle Ebene, die es dir erlaubt, Liebe mit deinem Leben zu machen. Dein Eros, deine Sinnlichkeit, deine Sexiness sind ein Diamant zwischen deinen Schenkeln, der viel mehr ist als nur der Orgasmus oder der Weg dahin. Dieser Diamant ist ein spirituelles Erwachen, wie es in der Form nur Frauen in diesem Körper erleben können. Dieses Erwachen lässt dich nicht nur aufblühen, es geht noch viel tiefer: Es ist ein Nach-Hause-Kommen.

## ÜBUNG:
## YONI AWAKENING: MANTRA PUJA

Eine wunderschöne Praxis, die ich im Tantra kennengelernt habe, ist das Visualisieren von Opfergaben für die Göttin. Für mich persönlich habe ich diese Praxis so weiterentwickelt, dass ich in meiner Vorstellung in bestimmte Bereiche meines Körpers ein Bija-Mantra lege, so sorgsam und liebevoll, wie ich eine Blume an einem Altar ablegen würde. In dieser Praxis legen wir die Bija-Mantren Shrim, Klim und Hrim im Becken ab: Shrim ist das Bija-Mantra für Liebe, Fülle, Wohlstand und Glückseligkeit, du hast es in der vorigen Übung schon kennengelernt. Es wird mit der Göttin Lakshmi verbunden. Klim ist das Bija-Mantra des Pleasure und Desire und wird mit Lalita verbunden. Das dritte Bija-Mantra ist Hrim, das Mantra von Bhuvaneshvari und der Manifestation, aber auch dieses hat Verbindung zu Lalita. All das legst du mit der Visualisierung in deinen Schoß und weckst damit diese Qualitäten.

Es geht auf der nächsten Seite weiter →

Für die Meditation brauchst du gar nicht unendlich lange Zeit. Wenn du die Visualisierung einmal verinnerlicht hast, kannst du sie sogar zwischendurch praktizieren.

Für das erste Mal setz dich aber so hin, dass dein Schoß den Boden berührt.

Lege liebevoll deine Hände auf die Vulva, sodass es dir leichter fällt, mit deiner Aufmerksamkeit in die Yoni zu gehen.

Wenn du nun einatmest, stell dir vor, dass das Einatmen bis zu deiner Gebärmutter hinfließt. Folge mit deinem Bewusstsein dem Einatmen.

Fühle dich hinein in den Raum deiner Gebärmutter und lass beim Ausatmen jegliche Anspannung des Beckenbodens los.

Stell dir nun in deinem Körper ein warmes, rosarotes Licht vor, das dein Becken erfüllt. Von der Mitte des Beckens strahlt es in den Bauchraum nach oben, aber auch nach unten über die Eierstöcke, Gebärmutter, Zervix, die Vagina, die innere und äußere Klitoris und in deine Yoni-Lippen.

All das ist dein heiliger, innerer, intuitiver Raum. Ein Raum, der neues Leben kreieren kann, der dir Lust schenkt und ein pochendes Kraftzentrum ist.

Mit viel Sorgfalt und Liebe lege nun in deiner inneren Vorstellung das Mantra Shrim in deine Gebärmutter wie eine wunderschöne Blume. Du kannst auch leise dazu flüstern: »Shrim« (ausgesprochen wird es »schriem«).

Als weitere wunderschöne Blüte lege das Mantra Klim (ausgesprochen »kliem«) in deine Gebärmutter und lass es leise nachklingen. Klim erweckt bei mir immer ein Kitzeln und ein leichtes, körperliches Ziehen.

Es geht auf der nächsten Seite weiter →

Das dritte Mantra ist das Mantra Hrim, das du sanft in deinen Schoßraum legst. Schmücke in deiner Vorstellung liebevoll den gesamten Raum deiner Gebärmutter mit diesen Bija-Mantren der Liebe, der Schönheit, des Glücks, der Manifestation und des Pleasure aus.

Tu dies so lange, bis du das Gefühl hast, den inneren Raum vollends verziert zu haben.

Lege die Hände auf den unteren Bauch und schließe die Visualisierung mit einem Lächeln ab.

### Flirten: Celebrate Life

Wenn wir uns auf Pleasure und Desire in unserem Leben konzentrieren, bekommt es eine neue verspielte Leichtigkeit, wir werden neugieriger, offener und fröhlicher. Das Leben selbst wird zelebriert, und du hältst es für absolut möglich, dass jede Sekunde etwas Wundervolles passieren kann. Flirten ist dabei die vielleicht schönste Art, die Leichtigkeit und die Freude des Seins zu feiern, es muss nicht zwangsläufig etwas mit sexueller Anbahnung zu tun haben. Natürlich kannst du auch flirten, um einen Mann oder eine Frau auf dich aufmerksam zu machen, aber im Grunde ist Flirten eine Lebenseinstellung. Du kannst dem Meer verführerisch zulächeln und dich einem Sonnenuntergang mit deinem ganzen Sein orgiastisch hingeben. Du kannst mit einem Welpen flirten, der unbedingt spielen will, oder aber mit der Kassiererin im Supermarkt. Flirten ist die innere Einstellung, dass das Leben auch leicht sein darf und dass in jeder Sekunde ein neues Wunder auf dich wartet. Flirten ist eine Grundeinstellung der Freude, die selbst herausfordernde Zeiten und, ja, auch Traurigkeit zu etwas Wunderschönem und Sinnlichem machen kann. Zum Flirten braucht es nur eins: Du musst das Gegenüber, was immer es ist, unwiderstehlich finden.

Ich möchte dich auf ein Experiment einladen und dich bitten, dich für 28 Tage in den Flirt-Modus zu begeben. Wenn du aufwachst, nimm dir erst einige Minuten Zeit, sinnlich die Welt zu erfahren. Steh mit dem Gedanken »Was würde Lalita als Göttin der Sinnlichkeit, des Verlangens, der Erotik tun?« auf. Erinnere dich tagsüber immer wieder an Lalita oder, wenn dir der Gedanke an eine Göttin nicht behagt, dann einfach nur an die Energie von Verlangen und Erotik, und fühle es. Flirte dabei auch mit Menschen, nicht um sexuell etwas anzuleiern, sondern einfach nur als Würdigung dieses ebenfalls einzigartigen Ausdrucks des Lebens. Ich weiß, am Anfang kommt es einem komisch vor. Fang dann einfach klein an: ein Kompliment für eine Unbekannte, eine nette Geste, ein Lächeln – wichtig ist, dass du es fühlst und es authentisch ist. Und bitte vergiss eine ganz wichtige Person nicht: dich selbst. Flirte mit deinem Spiegelbild, mach dir selbst ein Kompliment und lächle dich an. Du wirst sehen: Du wirst damit eine Spirale des Positiven in Gang setzen und dir, aber auch so vielen anderen Freude an dem Tag schenken. Führe über die 28 Tage ein Flirt-Tagebuch, in das du alle schönen Dinge hineinschreibst, die dir beim Flirten passiert sind. Sieh das Flirten als spirituelle Praxis: Es ist deine Hommage und Würdigung des Lebens in den unterschiedlichsten Formen.

### Glow up: Wie du dein inneres Licht anknipst

Manchmal möchte man aber auch im sexy Sinne flirten, und auch dafür habe ich einen heißen Tipp, den ich von Mama Gena gelernt und schon in unzähligen Workshops weitergegeben habe. Ich nenne diese Übung »Das Licht anknipsen.«. Wenn du so richtig strahlen möchtest, mach dir, bevor du etwas tust, zunächst einmal ein angenehmes Gefühl in deiner Yoni, eine leichte Erregung. Ich gebe meinen Workshop-Teilnehmerinnen vor der Mittagspause beispielsweise die Aufgabe, zunächst einmal an etwas wirklich sehr, sehr Heißes zu denken, sich gegebenenfalls auch zu berühren, bis ein leichtes Kribbeln in der Yoni zu spüren ist. Mit diesem Gefühl schicke ich sie in die Mittagspause.

Ich kann mich noch so gut an den ersten Workshop erinnern, in dem ich diese Aufgabe erstmals gestellt habe. Laura, eine US-Amerikanerin in den Sechzigern, kam mit einem breiten Grinsen wieder. Sie erzählte mit ihrem süßen Akzent: »Sandra, du glaubst es nicht. Ich saß auf der Bank in der Sonne, hatte mein Licht angeknipst und aß meinen Salat. Auf einmal setzte sich ein Mann neben mich, sprach mich an und flirtete mit mir! Das ist mir seit Jahren nicht mehr passiert!« Andere Teilnehmerinnen wurden um Dates gebeten und angesprochen, ich selbst praktiziere die Übung natürlich auch. Ich werde nie den Tag vergessen, an dem ich mit angeknipstem Licht in den Baumarkt fuhr, um einen Sonnenschirm zu kaufen. Fünf Mitarbeiter waren damit beschäftigt, mir den perfekten Schirm zu suchen, und trugen anschließend alles zum Auto, inklusive Betonplatten. Es war ein wirklich großer Sonnenschirm. Zu Hause angekommen, ließ sich dann mein Nachbar nicht davon abbringen, mir den Sonnenschirm aufzubauen und die Betonplatten auszurichten. Probiere es aus, du wirst erstaunt sein!

## Tantra und die Sinnlichkeit

Auch wenn die Lichtschalter-Übung keine tantrische Übung ist, ist sie für mich mit dem Tantra verbunden: Sie hilft uns, sinnlich und sensorisch in Kontakt mit unserer Yoni zu kommen. Was mich immer und immer wieder an Tantra begeistert, ist die Bejahung der Sinnlichkeit, die Bejahung der Weiblichkeit als kreatives Prinzip. Sinnlichkeit und Pleasure sind die Schlüsselelemente für ein glückliches Leben, aber wir haben in der modernen Gesellschaft verlernt, Pleasure in dem zu finden, was uns zur Verfügung steht: in unseren Sinnen, unserer Umwelt, unserem Innenleben. Stattdessen rennen wir, wie ich es am Anfang des Kapitels auch aus meinem Leben geschildert habe, Dingen im Außen hinterher, damit wir uns gut fühlen. Dabei brauchen wir nichts als einen Shift in unserer Einstellung und unsere Sinne, um in die Erotik der Welt einzutauchen. Pleasure und Sinnlichkeit sind im Tantra nicht Mittel, um unserer Welt zu entfliehen, sondern sie helfen uns, erfüllt und im Jetzt zu leben. Schmerz und Selbstbestrafung sind weder der Weg zur Heilung noch zu glücklicher Zufriedenheit. In einem meiner Lieblings-Tantras, dem Svabodhodaya-Manjari-Tantra, gibt es viele Meditationen und Übungen mit den Sinnen, und ich kann dir sagen: So lustvoll hast du noch nie meditiert. Die grundsätzliche Aufgabe ist, dabei zu beobachten, wie eine Sinneserfahrung entsteht, wie die Eindrücke dich wieder verlassen und wohin sie entschwinden. Konkret kannst du dies laut den Versen etwa in folgenden Situationen machen:

- Lass dich massieren. Genieße mit deinem ganzen Bewusstsein die streichelnden Berührungen. Wie fühlt es sich auf der Haut an? In den Muskeln? Beobachte anschließend, wie ein Nachgefühl der Berührung entsteht, ein Gefühl von innerer Weichheit, und wie diese langsam wieder in deinem Bewusstsein und der körperlichen Wahrnehmung verblasst.

- Lass dich komplett auf den Prozess des Orgasmus ein und beobachte staunend, wie dieser sich aufbaut, explodiert und dann langsam verebbt. Die zarten elektrischen Impulse, die Köstlichkeit der feinen Vibrationen im Körper beim Nachbeben. Ich habe dies eine Zeit lang besonders intensiv praktiziert und konnte hinterher das Nachbeben eines Orgasmus teils noch 24 Stunden später fühlen!

Die Sinnlichkeit einzuladen, macht das Leben zu einer großen bunten Spielwiese. Kein Wunder: Studien zeigen, dass Patienten in Krankenhäusern schneller genesen, wenn sie in die Natur schauen; Singen erhöht den Endorphinspiegel, Musik beeinflusst positiv unseren Atemrhythmus, Gerüche können Erinnerungen stimulieren und Berührungen sind überlebenswichtig für Menschen. Lass uns mit diesem Wissen die Sinnlichkeit würdigen und noch tiefer in ihr Reich eintauchen. Dabei werde ich dich auch auffordern, für dich ungewohnt deine Sinne auszutesten. Ich mache dies bewusst, ich möchte die Ordentlichkeit, mit der wir normalerweise unsere Sinne einsetzen, aufbrechen.

## ÜBUNG:
## THE ART OF SENSUAL PLEASURE

Mit diesen Übungen kannst du deine sinnlichen Fähigkeiten expandieren, eine Art Sinnes-Neuroplastizität entwickeln und damit jeden Tag etwas freudiger gestalten. Für die Übungen benötigst du Öl, Schokolade oder etwas anderes Süßes, etwas Prickelndes zum Trinken und einen Duft, den du gern magst. Lass uns Sinn für Sinn durchgehen:

***Sehen:*** Schau dich einmal in deiner Umgebung um. Welche Muster siehst du? Was ist lebendig? Welche Formen und Farben siehst du? Nun schließe die Augen: Was kannst du vor deinem inneren Auge sehen?

***Hören:*** Welche Geräusche kannst du jetzt gerade in dem Moment wahrnehmen? Welches ist am weitesten entfernt? Welches Geräusch ist besonders nah? Welches Geräusch ist besonders angenehm? Wie hört sich die Stille zwischen den Geräuschen an?

Es geht auf der nächsten Seite weiter →

*Riechen:* Nimm ein paar tiefe Atemzüge und atme dabei stoßweise durch die Nase aus. Schniefe einmal in dein Taschentuch. Dann greif dir den ersten Gegenstand, den du siehst. Wie riecht dieses Buch? Deine Hand? Dein Duft, den du dir bereitgestellt hast? Wie riecht dein Boden?

*Geschmack:* Lecke am Gegenstand, der dir am nächsten ist. Dann schnappe dir deine Süßigkeit. Fahre damit erst um deine Lippen herum und erschmecke den flüchtigen Geschmack, den die Berührung auf deinen Lippen hinterlassen hat. Anschließend steck dir die Süßigkeit in den Mund. Welche Textur hat die Süßigkeit? Welche Temperatur? Soft? Warm? Weich? Hart?

*Berührung:* An welchen Stellen deines Körpers kannst du Berührung spüren? Von deiner Kleidung? Von deinen Haaren? Der Luft? Beginne langsam, deinen Unterarm zu streicheln, so zart, als ob ein Schmetterling auf deiner Haut landen würde. Wie fühlt sich die Berührung an? Berühre deinen Körper an unterschiedlichen Stellen: Wo fühlt sich deine Haut warm an, wo kalt?

Dann beginne zu spielen: Lecke an deiner Haut, um zu schmecken, trinke ein Glas Champagner oder was auch immer perlt und lass die Bläschen im Mund zerplatzen. Nimm einen zweiten Schluck und lass diesen aus dem Mund fließen: Wo tropft es hin und wie prickelt das auf der Haut? Falls du Schokolade als Süßigkeit gewählt hast, mal dir die Lippen mit Schokolade an, werde einfach kreativ. Du darfst hier eine spielerische, kindliche Freude und Neugierde ausleben und dich ausprobieren.

Anschließend werde für einen Moment still. Frage dich: Wie hat sich dein intensivster Orgasmus angefühlt? Fühle es in deiner Erinnerung nach. Wie die schönste Umarmung? Fühle es nach in der Erinnerung. Was war der Geschmack des köstlichsten Essens oder Getränks? Schmecke es wieder in deiner Vorstellung. Was war das Schönste, das du je gerochen hast? Rieche es wieder in deiner Fantasie. Bei welchem Anblick ist dein Herz aufgegangen? Ist er immer noch präsent in deinem Kopf? Hole das Bild vor deinem inneren Auge hervor.

Das Großartige an unseren Sinnen ist, dass wir sie immer wieder in unserer Erinnerung und unserem Kopf reproduzieren können. Ich möchte dich einladen, die nächsten Tage bewusst immer wieder in deiner Erinnerung nach besonders schönen, sinnlichen Momenten zu suchen und sie mit all deinen Fantasiesinnen wieder zu erleben. Das ist übrigens ein besonders schöner Start in den Tag! Genieße es!

## Church of Pleasure: Dein Sex, deine Regeln

Meine radikale Neudefinition machte natürlich auch nicht vor meinem Sexleben halt, und ich möchte dich ermutigen, auch diesen Bereich für dich anzuschauen. In meiner spirituellen Welt wird Sex geschätzt, der spirituell ist: langsam, verbindend, zärtlich. Das ist wunderschön. Ich musste mir aber ehrlich eingestehen: Ich will manchmal einfach nur vögeln. Und: Ich stehe auf härteren Sex. Ich schlafe ein, wenn man mich stundenlang streichelt, weil das zwar unglaublich entspannend, aber wenig erregend für mich ist. Aber was ist, wenn die Sexualität anders ist als die gängige in der spirituellen Szene? Was, wenn du auf Sex stehst, der sich in Leidenschaft verliert, und Achtsamkeit da so viel verloren hat wie eine Nonne auf einer BDSM-Party? Wenn du im Bett alles andere als gleichberechtigt sein möchtest und dir gern auf YouPorn Anregung holst?

Ich habe mich gefragt: Passt das zu meinem Beruf und meiner Berufung? Ich bin zu dem Ergebnis gekommen, dass ich selbst für mich verantwortlich bin und selbstbestimmt auch in Sachen Sex entscheiden darf. Ich habe mir mein Glaubenssystem zur Sexualität angeschaut und dann neu für mich entschieden. Mit so viel Freiheit, Lust und Spaß, dass es mich gefühlt zum Fliegen gebracht hat. Ich kann dir versichern: Das wird es dich auch. Traue dich zu hinterfragen, trau dich, dir deinen größten Turn-on einzugestehen. Du bist Yogalehrerin, aber an manchen Tagen brauchst du einfach eine Umarmung, und zwar mit einem Paddle beim Spanking? So what?! Genieß es! Du möchtest gern mindestens 40 Minuten lang mit den Fingern oder der Zunge verwöhnt werden und liebst es, wenn er oder sie mit deiner Klitoris spielt und gleichzeitig deinen G-Spot stimuliert? Darfst du, und das darfst du auch kommunizieren. Du hast das Gefühl, dass du von Menschen, von Persönlichkeiten angezogen wirst und nicht von Geschlechtern? Wie schön ist das bitte?

Solange alles im Einvernehmen passiert, sind sämtliche Praktiken wunderbar, wenn diese dich tief befriedigen. Es gibt keinen Grund, sich für irgendetwas zu schämen oder nicht selbstbewusst die eigene Lust anzunehmen!

## ÜBUNG:
## DEIN SEXSYSTEM

Lass uns zunächst einmal schauen, was du über Sex denkst. Nimm dir dazu Papier und etwas zum Schreiben und beantworte dann die nachfolgenden Fragen. Wie immer: Radikale Ehrlichkeit beim Antworten bringt dich am meisten weiter:

- Was verbindest du mit Sex? Notiere die ersten fünf Worte, die dir einfallen.
- Was ist dein Glaube, wie Frau sich beim Sex verhalten sollte?
- Welche Regeln gelten gefühlt für Frauen?
- Was denkst du von Frauen, die im Einklang mit ihrer Sexualität und bewusst erotisch sind?
- Wie hast du Sex bislang erlebt?
- Kommunizierst du offen, was du magst?
- Was würde dir beim Sex insgeheim mehr Vergnügen bereiten?
- Was ist tatsächlich dein größter Turn-on? Keine falsche Scham, denke an den großen Erfolg von 50 Shades of Grey. Der lag sicher nicht daran, dass die beiden Protagonisten Blümchensex praktiziert haben!

Es kann sein, dass bei der Reflexion immer wieder Schamgefühle aufkommen. Ich kann dich beruhigen: Das ist absolut normal. Auch ich muss immer eine Schamstolperschwelle überwinden, wenn ich mir eingestehe, was ich wirklich hot as hell finde. Diese Scham ist aber sozial übergestülpt und besteht nicht etwa, weil etwas mit dir oder mir nicht stimmt.

Formuliere nach der Beantwortung der Fragen für dich in klaren Worten, wie du Sex haben möchtest, und schreibe es explizit auf.

Es geht auf der nächsten Seite weiter →

Der letzte Schritt ist vermutlich noch schwieriger, aber lass dir gesagt sein: Er ist so wichtig und wirklich lebensverändernd. Trau dich, deinem Partner oder deiner Partnerin frei zu kommunizieren, was du magst. Schäme dich nicht dafür. Es ist absolut okay zu sagen, was man sich wünscht.

Manchmal kann man sich auch Anregungen holen. Pornos erregen etwa Frauen ebenso wie Männer, das haben nicht nur wissenschaftliche Studien herausgefunden, sondern das zeigen auch die Nutzungsdaten von Porno-Plattformen. Das Unternehmen Pornhub erhebt beispielsweise regelmäßig Zahlen zum Nutzerverhalten und fand so heraus, dass im Jahr 2021 ganze 34 Prozent der User Frauen waren. Dabei stehen Frauen insbesondere auf Kategorien wie »Pussy Licking«, »Lesbian« und »Fingering«, also Filme, bei denen die weibliche Lust im Fokus steht. Das Ding ist jedoch: Lass die Trends Trends sein. Mach dich frei und sieh dir an, was dich erregt. Ich empfehle dir tatsächlich als Übung ein Mindful Porn Watching. Bitte mach es unbedingt ohne Partner oder Partnerin, bei dieser Übung geht es um die Erforschung deiner Lust.

## ÜBUNG:
## MINDFUL PORN WATCHING

Fang an zu stöbern und sieh dir ein paar Clips an. Wenn du noch nie Porn gesehen hast, ist die Kategorie »Female Friendly« eine gute Idee. Vielleicht stehst du aber auch insgeheim auf Hentai oder BDSM oder was auch immer. Vielleicht weißt du auch schon, was dich bislang angetörnt hat. Egal, wie du vorgehst, achte nur auf die Reaktion deines Körpers:

- Wann wird dir heiß?
- Warum gefällt dir genau das so gut?
- Was ist für dich am erregendsten?

Du darfst hier jede Scham loslassen und Porn einfach dazu nutzen auszuloten, in welchem Bereich deine Lust zurzeit angesiedelt ist. Achte bewusst darauf, was dich samtig-feucht werden lässt, es ist Teil einer Entdeckungsreise, die dich intim mit deinen tiefsten sexuellen Wünschen in Verbindung bringt. Dabei musst du nicht alles ausprobieren und in die Realität umsetzen. Es geht vielmehr darum, dich selbst kennenzulernen. Du magst beispielsweise Twosome Porn, aber in der Wirklichkeit ist die Vorstellung, mit zwei Männern im Bett zu liegen, furchtbar? Dann bau einfach einen Anal-Plug beim nächsten Solosex oder mit deinem Partner oder deiner Partnerin ein und teste aus, ob du das Gefühl magst. Vielleicht ist es auch Kontrollabgabe, die dich anturnt, dann sprich mit deinem Liebsten oder deiner Liebsten darüber, wie ihr dies vielleicht umsetzen könnt. Egal, was es ist: Du hast das Recht, deinen Sex Drive frei von Scham und selbstbestimmt zu leben.

## Madame Macaron Map of Pleasure

Um uns frei im Bett zu fühlen, brauchen wir eine tiefe Verbundenheit und eine Ablehnung aller falscher Scham, die unsere Yoni betrifft. Ich erlebe es häufig, dass Frauen nur von »da unten« sprechen, als ob die Yoni der Lord Voldemort unter den Körperteilen wäre: die, deren Name nicht genannt werden darf. Wie wäre es, wenn wir voller Wertschätzung und Verehrung von unserer Yoni sprechen und sie auch so behandeln würden?

Im Tantra gibt es ein Yoni-Puja, also ein Ritual, in der die Vulva als Sitz von Shakti verehrt wird. Das kann uns Inspiration sein, die eigene wunderschöne Yoni als Ausdruck von Shakti und als etwas Verzaubernd-Verführerisches zu sehen. Wenn dir Sitz der Göttin wieder zu esoterisch sein sollte, dann denk an die Qualitäten, die damit verbunden sind: Kraft, Kreation, Liebe, Geborgenheit, Macht.

Ich wollte mich im Rahmen meiner Reise ganz genau kennenlernen. Ich habe meine Yoni gemalt, unerregt und nach einem Orgasmus. Ich habe sie fotografiert, mit dem Spiegel angeschaut, ich wollte mich einfach ganz genau bekannt machen mit dem Wunderwerk, das mir unter anderem mit den allein 8000 Nerven der Klitoris so viel Freude bereitet. Ich erforschte meine Vagina, ertastete das schwammartige Gewebe meines G-Spots, der etwa zweieinhalb Zentimeter nach dem Eingang in Richtung Bauchdecke sitzt. Ich habe so viel Freude daran gefunden, dass ich dies sogar begeistert in einem Workshop weitergegeben habe mit dem bezeichnenden Namen »Church of Pleasure«. Ich habe Massagegriffe getestet, ausprobiert, welche Sex Toys ich mag und auf welche ich verzichten kann, und ich habe den hübschesten Namen für meine Yoni gefunden: Madame Macaron. Eine besondere Herausforderung auf dieser Reise war für mich, nicht nur selbst meine Madame Macaron anzuschauen, sondern sie auch von meinem Partner intensiv bewundern zu lassen. Es war mir zunächst so unangenehm, es schien mir unangemessen. Die große Wertschätzung und die Sicherheit des Augenblicks, als mein Partner bewusst meine Yoni bewunderte, war unglaublich heilsam. Es war, als würde das letzte Stück Scham und Schuld weggewischt und als stünde ich danach in voller Blüte.

### In voller Blüte

Diese volle Blüte wollte ich anschließend unbedingt genau kartieren. Heraus kam die Madame Macaron Map of Pleasure, eine Übung, die auch zu zweit unglaublich viel Spaß macht und in der dein Partner oder deine Partnerin lernt, wie du wo berührt werden möchtest. Ich habe dazu eine Vulva und den vaginalen Eingang gezeichnet und genau kartiert, was ich mag, beispielsweise »oberhalb, links von der Klitoris die Finger auf und ab bewegen, keinen direkten Druck auf die Klitoris« oder »G-Spot: absoluter Lieblingspunkt« oder »kein Reiben, sondern Druck: Frauen haben Druckrezeptoren, ein Rubbeln ist nicht erregend für mich«. Wir haben bei der Erstellung so viel gelacht, das Malen hat jegliche Scham und Befangenheit genommen. Das Ergebnis ist, dass nicht nur ich ganz genau weiß, was ich mag, sondern auch mein Partner.

Traue dich also, deine Yoni zu entdecken, allein oder mit Partner oder Partnerin. Male, bastle, gib ihr eine Stimme, bewundere sie, erfinde Namen, lege liebevoll Blüten vor sie ab, ehre sie, verstehe sie und teil den Menschen, mit denen du im Bett bist, mit, wie du berührt werden möchtest. Indem du dich nicht mehr als »da unten« und »da oben« wahrnimmst, sondern deinen eigenen zärtlichen und spielerischen Umgang mit deiner Madame Macaron findest, kommst du mit einer solchen sinnlichen Kraft in deine Weiblichkeit, dass diese dein Leben beflügelt.

## Queen Shit, Baby: Dein Dharma-Manifest

Lalita Tripura Sundari hat in den tantrischen Traditionen ganz klar eine regierende, Gleichgewicht schaffende Funktion. Ein weiterer ihrer tausend Namen ist »Königin der Könige«. Sie ist im besten Sinne royal: beschützend, gerecht, mitfühlend, liebevoll, aber auch handlungsbereit. Wenn du dich mit diesen Attributen verbinden möchtest, hilft es dir, den letzten Schritt in Richtung Empowerment zu gehen und ein Desire anzuschauen, das tiefe Zufriedenheit schafft: deine Aufgabe in der Welt, dein Dharma. Dein Dharma ist dein persönliches Manifest, die Definition deines Warums – warum du tust, was du tust. Dieses Warum ist nie in Stein gemeißelt. Mein erstes Warum-Statement, das ich vor vier Jahren mit meinem Coach von der Handel Group, einem US-amerikanischen Coaching-Unternehmen, definiert habe, las sich beispielsweise so:

»Sandra ist Yogini, Autorin, Lululemon-Ambassador, Unternehmerin. Sie unterrichtet Anusara®-Elements-Klassen mit Fokus auf ein freudiges Praktizieren auf der Basis der universellen Ausrichtungsprinzipien. Sie glaubt daran, dass Yoga uns transformiert, denn das hat sie selbst erlebt. Ehrlich die Geschichten dieser Wandlung zu teilen, ist ihr dabei ein besonderes Anliegen. Ihr Yoga zu teilen und anderen dabei zu helfen, eine glücklichere Version ihrer selbst zu werden, ihre Geschichten zu erzählen und der Katalysator zu sein,

# MADAME MACARON'S

MAP OF PLEASURE

um Momente des Glücks und der Leichtigkeit zu kreieren, das sind für sie die wichtigsten Ziele.«

### Sandras Manifest

Das Dharma-Statement war stark nach außen gerichtet – und was hat meine Berufsbezeichnung darin zu suchen? Trotzdem hat es mich damals beflügelt und inspiriert. Ich wollte wirklich anderen helfen, zufriedener und glücklicher zu werden, das war mein Antrieb. Mein jetziges Warum ist weiterentwickelt. Es ist im Kern ein Zitat von Kalen Dion: »Encouraging someone to be entirely themselves is the loudest way to love them« – jemanden zu ermutigen, ganz er selbst zu sein, ist die lauteste Art, ihn zu lieben. Ich möchte laut lieben. Ich möchte eine Unterstützung für andere sein, authentisch zu leben. Ich möchte Schönheit und Pleasure in die Welt bringen, ich möchte Liebe, Verbindung und Unterstützung, insbesondere für und mit Frauen leben. Das ist mein Herzenswunsch und mein innerer Antrieb. Meine Mittel dazu sind das Schreiben, meine Yogaklassen, meine Workshops und meine alltäglichen Begegnungen. Das prägt auch meine Ausrichtung, wie ich leben will, denn natürlich gilt das Laut-Lieben und Authentisch-Leben auch für mich selbst. Ich habe dazu folgendes Manifest geschrieben:

»Ich wähle hundertmal mehr die Tiefen und die Höhen als die Gleichtönigkeit. Ich bin bereit, immer wieder bewusst zu fallen, denn Schmerz ist etwas, das mir Türen zu einer neuen Freiheit und Bewusstheit schenken kann. Ich weigere mich, in eine Schublade gesteckt zu werden, mich zu kategorisieren. Ich bin die Summe, nicht einzelne Anteile. Ich bin eine Connaisseurin meiner Sinne, die sich wie Samt und Seide um meine Seele legen. Ich möchte jeden Tag mein Herz berühren lassen und dieses Herz frei verschenken, denn die Limitierung von Liebe existiert nicht. Ich möchte jeden Tag tanzen, und auf meinen Lippen soll ein Lied liegen. Ich werde mich niemals zurückhalten für ein Später, das vielleicht niemals kommt, sondern tauche ein in das Jetzt. Ich werde den Mut haben, mich immer radikal zu befragen: Bin ich es, die handelt, denkt, oder sind es die Erwartungen anderer, Gewohnheiten, alte Versionen meiner selbst? Ich werde nicht aufschieben, kein ›Das tut man nicht‹ gelten lassen. Ich wähle hundertmal lieber die Explosion, das Feuerwerk, die Stille, die Dunkelheit, die Wildheit, die Ekstase und die Einsamkeit, anstatt Sicherheit und Konventionen. I refuse not to live.«

### Deinem Warum auf der Spur

Du siehst: Dein Dharma-Manifest ist nicht etwas, das du nur ins Berufsleben trägst, sondern in dein ganzes Leben. Es bestimmt deine Ausrichtung. Es ist dein Nordstern, ein Kompass, der dir hilft, dich durch Entscheidungen und Handlungen durch dein Leben zu navigieren. Dein Seelenzweck, dein Dharma zu formulieren, wie wir es am Anfang dieses Kapitels als eines der elementaren Desires kennengelernt haben, ist etwas Großes und darf Zeit in Anspruch nehmen, du musst dich hier nicht stressen, wenn du es nicht sofort findest.

Mit folgenden Fragen kannst du dich deinem Warum annähern:

- Welche Menschen inspirieren dich?
- Warum inspirieren sie dich?
- Wenn dich niemand verurteilen würde, sondern du vollständig akzeptiert werden würdest: Wie würdest du leben?
- Was macht dich zutiefst glücklich?
- Was war deine schönste Erfahrung?
- Was dein größtes Learning?
- Wofür bist du bereit, Verantwortung zu übernehmen?
- Wofür möchtest du stehen?
- Wofür brennst du, wobei vergisst du vollkommen die Zeit, wenn du es tust?
- Bei welcher Tätigkeit hast du ein fundamental gutes Gefühl im Bauch?

Mit den Antworten auf diese Fragen kommst du deinem persönlichen Manifest, deinem Dharma, ein Stück näher. Lass dir Zeit beim Ausformulieren, und auch hier gilt: Sei radikal ehrlich.

Ich durfte in einer privaten Soul-Session-Stunde eine Frau begleiten, die zu Anfang sagte, ihr großer Traum sei es, ein Yoga-Retreat und Ayurveda-Center in Spanien zu eröffnen, sie wüsste nur nicht, wo sie anfangen sollte. Innerhalb der Stunde klopften wir diesen Traum ab: War es wirklich ihr Traum? Wir fanden heraus, dass sie nur dachte, das wäre der nächste Schritt. Sie wollte eigentlich etwas ganz anderes: Theater spielen und einer Laienschauspielgruppe beitreten. Sie wollte sich kreativ ausdrücken, in andere Rollen schlüpfen, auf der Bühne stehen und Menschen begeistern. Das war ihre eigentliche Leidenschaft. Yoga praktizierte und unterrichtete sie sehr gern, aber es hatte nicht wirklich etwas mit dem eigentlichen tiefsten Wunsch nach ihrem individuellen Ausdruck zu tun.

Du siehst, es lohnt sich, die Fragen oben zu beantworten und dann deine tiefsten Desires, die du zuvor aufgeschrieben hast, durchzulesen. Sitze in den Antworten, mariniere dich in ihnen. Koste sie aus, das Gefühl, die Antworten zu leben, ein Leben zu führen, das dich zutiefst befriedigt. Und dann beginne zu schreiben, lass die Sätze groß werden und leuchtend; jedes Mal, wenn du dir deine Zeilen durchliest, sollte dir ein Schauer des Glücks über den Rücken rieseln.

Wenn du dein Dharma-Manifest formulieren konntest, trage es mit dir, jeden Tag. Klebe es an den Kühlschrank. Und, vor allem, frage dich jeden Tag: Was ist die kleinste Handlung, die ich heute tun kann, um mein Manifest zu leben? Lass dein Manifest dein strahlender Stern sein, der dich durch die Wirrungen deines Lebens navigiert. Erlaube dir, erfüllt zu leben.

## ÜBUNG:
## LALITA DHYANA – VISUALISIERE DIE GÖTTIN

Die Vielschichtigkeit Lalitas und die Verknüpfung der Themen Desire, Pleasure, Erotik, Empowerment und Sinnlichkeit hast du nun tiefer kennengelernt. Ich möchte dir zum Abschluss dieses Kapitels Dhyana vorstellen. Göttinnen-Dhyana-Meditationen sind sehr geläufig im Tantra. In einer Dhyana-Meditation visualisierst du eine Göttin in ihrer menschlichen Gestalt vor dir und manchmal auch in dir. Wie immer, wenn dir eine Meditation mit einer Göttin zu abgedreht vorkommt, kannst du dich dabei ganz auf die Energie und Attribute von Lalita Tripura Sundari konzentrieren. Lies dir die Instruktion dieser Meditation ganz genau durch, bis du innere Bilder dazu hast, bevor du Dhyana praktizierst.

Es geht auf der nächsten Seite weiter →

Beginne, indem du einen komfortablen Sitz findest, bei dem du dich gleichzeitig aufgerichtet und würdevoll empfindest.

Schau, ob du den Atem als eine sanfte, zärtliche Berührung deines Herzens wahrnehmen kannst.

Mit jedem Einatmen denke eines von Lalitas Mantren: Aim klim sauh. Ausgesprochen »Aiiim kliem sauhu«. Aim steht für Weisheit und kreative Intelligenz und ist das sogenannte Bija dieses Mantras, die Wurzel, aus dem dieses Mantra sich formt und wächst und die Früchte in unserer Praxis trägt. Klim steht für höchstes Vergnügen und Desire. Es ist die Shakti, die Energiestruktur des Mantras sowie der Praxis. Sauh ist das sogenannte Kilakam des Mantras. Es ist der Schlüssel, um das Mantra zu aktivieren, und gibt den beiden vorangegangenen Mantren die Kraft, sich in deinem Körper zu verteilen.

Wiederhole das Mantra immer und immer wieder bei der Einatmung und lege es in dein Herz. Wiederhole es bei deiner Ausatmung und lass es durch deinen Körper fließen.

Stell dir nun vor, dass Lalita Tripura Sundari vor dir sitzt. Sie ist wunderschön, mit vollen, großen Brüsten, rosiger Haut, die wie der Himmel zum Sonnenaufgang schimmert. Sie trägt rote Seide um ihre runden Hüften, und ihre langen Haare umschmeicheln ihre Schultern. Ihre Augen sind groß, dunkel und mandelförmig, umrahmt von langen Wimpern. Sie trägt aufwendigen Juwelenschmuck mit Rubinen, Perlen und Diamanten und eine Krone auf ihren dunklen, gewellten Haaren.

Sie schwebt in der Luft sitzend vor dir und schaut dich an: voller Liebe, Mitgefühl, Verständnis und Lebendigkeit.

Noch nie hast du dich so gesehen und gleichzeitig so lebendig gefühlt. Du kannst fühlen, wie die Ekstase, das Verlangen und Pleasure durch sie hindurchschimmern und sich in Wellen auf deinen Körper übertragen.

Es geht auf der nächsten Seite weiter →

Lächelnd fragt sie dich, welchen Wunsch sie dir erfüllen kann. Sie sieht dabei tief in dein Herz und erkennt dein geheimstes, tiefstes Verlangen, deinen größten Wunsch. Formuliere ihn für Lalita. Wenn du diesen Wunsch formulierst und an Lalita übergibst, fühlst du mit jeder Faser, dass es ihr Vergnügen ist, deine Wünsche, deine Desires, zu erfüllen.

Auf einer Nicht-Verstandesebene begreifst du, dass du dir eigentlich Lalita selbst in dein Leben wünschst: ihre Sinnlichkeit, ihr Vergnügen, ihre spielerische Leichtigkeit, ihre Anziehung und ihre klare Haltung.

Stell dir nun vor, wie sich die Göttin erhebt, wie sie größer wird und auf dich zukommt. Lächelnd berührt sie segnend deine Stirn und nimmt Platz in dir. Sie setzt sich wie auf einen Thron in dein Becken und strahlt von dort über deine Körpergrenzen hinaus. Aufgerichtet. Ihre Kraft, die dich erdet, und aus dieser Erdung über deinen Kopf hinaussteigt.

Und wie du so sitzt, durchdrungen von Lalita in dir, Aim klim sauh atmend, fließt ihre Energie in jede deiner Zellen. Pulsierend, lebendig und voller Kraft. Sitze, solange du möchtest, mit Lalita in ihrem verheißungsvollen, rosigen Schimmer.

Ruhe in der Kraft des Verlangens, in der Kraft der Sinnlichkeit und in der Kraft des ermächtigten Femininen.

Überlass dich Lalita Tripura Sundari, bist du gefühlt verschmolzen bist, eins mit ihr, eins mit der Energie, die das Universum beherrscht.

Verweile so lange, wie du magst. Dann bedanke dich bei Lalita Tripura Sundari und verabschiede sie aus deinem Körper.

Wenn sie dich verlässt, mit einem liebevollen Blick, spürst du, wie ihre Gestalt in deiner Vorstellung geht und verblasst, aber etwas von ihr bleibt: Sie hat deine feminine Kraft, deine Würde, deine Stärke,

Es geht auf der nächsten Seite weiter →

deine Sexiness, deine Sinnlichkeit und deine Kreativität strahlend-leuchtend wachgeküsst. Sie hat dich zu einem neuen Frausein wiedererweckt.

Und mit einem Gefühl von Ehrerbietung an Lalita und an dich selbst … verneige dich nach innen. Aim klim sauh.

# Lakshmi – das Land von Milch und Honig

There is in all things an inexhaustible sweetness and
purity, a silence that is a fountain of action and joy.
It rises up in wordless gentleness and flows out to me from
the unseen roots of all created being.

**Thomas Merton**

# Die Süße des Lebens genießen

*Lass die Schönheit dessen, was du liebst, das sein, was du tust.*

**Rumi**

Ich saß auf einer Autobahnraststätte mitten im Nirgendwo in Frankreich. Ich war frühmorgens von Chambord aus losgefahren, dem üppigen und vielleicht schönsten Loire-Schloss. Mein Auto war so beladen, dass ich nur durch ein kleines Guckloch die Straße hinter mir sehen konnte. Der kleine Hund und ich saßen auf einer Bank, die Autos rauschten auf der Autobahn neben uns vorbei. Ich biss in ein Croissant, einen dampfenden Kaffee in meiner Hand. Elmo sah sich auf meinem Schoß interessiert die vorbeilaufenden Menschen an. Wir hatten zwei Tage zuvor unsere Welt, wie wir sie kannten, verlassen und zogen seitdem durch Frankreich. Mein kompletter Besitz befand sich im Auto. Meine Wohnung in Deutschland war aufgelöst, alles, was ich Umzug für Umzug mit mir herumgetragen hatte, verkauft. Meine Familie und Freunde hatte ich verabschiedet, um zunächst in Frankreich zu leben, danach eventuell in Spanien oder Portugal. Hinter mir lag ein sicheres, wohliges Netz mit festen Strukturen. Vor mir die Ungewissheit und die Chance, eine große Liebe zu leben.

Die Wolken brachen auf, und die französische Sonne schien an diesem Morgen in mein Gesicht. Ich nahm einen Schluck Kaffee und schloss die Augen. Ich hatte noch nie gleichzeitig so wenig besessen und war dennoch so reich. Meine Zukunft war in diesem Moment absolut ungewiss. Aber noch nie in meinem Leben war ich so sicher, genau an dem richtigen Platz zu sein, wie dort an der kleinen Raststätte – mein altes Leben hinter mir, mein neues leuchtend vor mir. Mein Herz war voll. Ich fühlte mich wie in dem sagenumwobenen Land, in dem Milch und Honig fließen.

## Die Reise in das Land von Milch und Honig

Niemals hätte ich gedacht, dass dies passieren würde, als ich mich nur vier Monate zuvor in das damals noch nicht so vollgepackte Auto gesetzt hatte und die fast gleiche Strecke nach Seignosse gefahren war, eine kleine Surfer-Oase an der französischen Atlantikküste. Meiner Intuition folgend hatte ich dort ein kuscheliges, winziges Beachhouse gebucht, nur 300 Meter vom Strand entfernt. Mit im Gepäck hatte ich Elmo, die Erfahrungen aus den hochintensiven Jahren davor und den festen Vorsatz, meine neuesten Erkenntnisse in Sachen Dating und Partnerschaft als Übung in Frankreich umzusetzen.

Ich fühlte mich so unglaublich frei, als ich so allein unterwegs war. Ich fand es stark von mir, dass ich mich einfach ins Auto setzte und über 1600 Kilometer von Witzhave in der Nähe von Hamburg bis an die Atlantikküste fuhr. Ich fühlte mich stark, hot und so sehr ich selbst wie noch nie zuvor in meinem Leben. Ich war so klar in dem, was ich wollte: mein Leben nicht nur in Deutschland zu führen, mein Unternehmen House of Grace auszubauen, ein Buch zu schreiben und eine tiefe Liebesbeziehung einzugehen, die von Vertrauen, gemeinsamem Wachstum und Visionen geprägt sein sollte. Und ich wollte Frankreich genießen. Ich freute mich auf Sonnenuntergänge mit Wein, auf meine geliebten Moules frites. Und ich hatte den festen Plan, eine Nacht mit einem Mann im luxuriösen Hôtel du Palais, dem Schloss Napoleons direkt am Meer in Biarritz, zu genießen. Die Bilder waren klar vor meinem inneren Auge. Sie glitzerten wie das silberne Leuchten des Meeres, weswegen dieser Landstrich auch Côte d'Argent, Silberküste, heißt.

Ich datete sofort, hielt mich strikt an meinen Plan und lernte tatsächlich gleich in der ersten Woche meinen jetzigen Freund kennen. Ich weiß noch ganz genau, wie ich es kaum fassen konnte, als er mich zum dritten Date zu einem Wochenende in Biarritz einlud. Kannst du erraten, wohin? Richtig: Er hatte eine Ocean Suite in besagtem Schloss, dem Hôtel du Palais, gebucht. Ich fand mich in ziemlich genau dem Raum wieder, den ich in meiner Vorstellung vor Augen gehabt hatte. Genau wie ich es mir vorgestellt hatte, stand ich am Fenster und sah auf das Meer hinaus. Sogar der Champagner auf dem Zimmer und das morgendliche Rekeln im Pool wurden wahr. Selbst wenn ich heute, Monate später, zurückblicke, kann ich die Magie dieser Zeit kaum fassen: wie viel Liebe, Sicherheit, Fülle und Reichtum in mein Leben getreten sind. Deshalb bin ich so leidenschaftlich mit dem, was ich in diesem Buch vermitteln möchte: Es führt dich vielleicht auch an diesen magischen Ort, wo sich alles wie von Zauberhand zusammenfügt.

Ich habe lange überlegt, wie solche verzaubernden Phasen in unserem Leben entstehen. Meine persönliche Erkenntnis: Diese Phase tritt dann ein, wenn du Ordnung in das Chaos deiner Gedanken, Annahmen und Weltanschauungen gebracht hast und dich radikal traust, du selbst zu sein, im Innen wie im Außen. Der Zauber entsteht, wenn deine innere Haltung und deine äußeren Handlungen in Harmonie miteinander sind. Dein Leben entfaltet sich genau dann in einer Schönheit und Süße, wie du es dir erträumt hast. Es ist deine Belohnung, dein Land voll Milch und Honig.

## Lakshmi und der Ozean aus Milch

In der hinduistischen Mythologie gibt es zwar kein Land voll Milch und Honig, aber einen sagenumwobenen Ozean aus Milch. Dieser Ozean ist eng mit einer Göttin verbunden: Lakshmi, die Göttin der Fülle, des Glücks, der Schönheit, des Wohlstands und der Gesundheit. Lakshmi ist die Energie, die Leben spendet, und verkörpert zusammen mit Lalita den weltlichen Erfolg. Sie steht für das Aufblühen der Welt. Lakshmi wird für ihre liebevolle Güte und für den Reichtum verehrt, den sie schenkt. Lakshmi gibt Gesundheit, das Gefühl von Fülle, Wohlbefinden und Schönheit. Gleichzeitig sorgt sie für materiellen Wohlstand, Ordnung und Gerechtigkeit. Sie verkörpert zudem einen Selbstwert, der fest im Herzen verankert ist. Wer mit Lakshmi wandelt, handelt integer und ist auch für andere da. Lakshmi ist eine uralte Göttin, manche sagen, sie ist zwischen 3000 und 5000 Jahre alt und verkörpert das Prinzip von Shri, das all diese Attribute umfasst. In einem Workshop sagte die renommierte Tantra-Lehrerin und Autorin Sally Kempton: »Wenn Kali Heavy Metal ist, ist Lakshmi Mozart. Sie ist Mousse au Chocolat, seidige Laken, das weiche Gefühl von Wasser, das durch deine Finger gleitet. Lakshmi ist Wachstum, Erneuerung und Süße.«

Lakshmi ist das, was dich erwartet, wenn du dich auf den Weg des mutigen Herzens machst: ein Ozean voller Schönheit und Liebe. Wenn du im Lakshmi-Ozean schwimmst, entfaltet sich außerdem noch etwas anderes in dir: ein tiefes Gefühl von Vertrauen in dein Leben. Ein Gefühl von Zufriedenheit und Zuversicht, das unkaputtbar ist, weil es deine Basis des Seins wird. Aber Lakshmi ist noch mehr: Lakshmi verkörpert das Prinzip, dass wir die Erlaubnis haben, die Schönheit der Welt zu sehen, dass wir Pleasure und delikate Süße kosten dürfen in den Jahren, die wir hier haben, denn das ist ihr Geschenk an uns. Die Götter haben der Sage nach jedoch einmal ihr Geschenk nicht wertgeschätzt – ein fataler Fehler, der die Welt in Dunkelheit stürzte.

### Die Wiedergeburt von Shri – eine Lakshmi-Story

Eine der bekanntesten Geschichten rund um Lakshmi beginnt, als Indra, der König der Götter, auf seinem Elefanten reitet und vom Weisen Durvasana gestoppt wird: »Indra! Indra! Warte, ich habe ein

Geschenk für dich! Diese Blumengirlande erschien mir in meiner Meditation, und meine Intuition sagte mir, ich soll sie dir als Geschenk darbringen. Sie enthält die Essenz der Glückseligkeit, Shri, also achte sehr gut auf sie!« Indra nimmt die Girlande und bedankt sich bei Durvasana, legt aber im nächsten Moment die heilige Girlande achtlos seinem Elefanten um den Hals. Durvasana ist schockiert: ein Geschenk, das die Fruchtbarkeit und Süße allen Lebens ist – einfach achtlos weggeben! Zutiefst erschüttert murmelt er: »So, wie du die Glückseligkeit, die Fruchtbarkeit, Süße und Schönheit, Shri, missachtest, missachtet Shri dich!«

Das Königreich der Götter und der Menschen fällt daraufhin in ein dunkles Zeitalter, denn Lakshmi, Shri, verschwindet aus der Welt. Es werden keine Kinder mehr geboren, die Ernten fallen aus. Sonne und Mond verschleiern sich, und Angst regiert alle Welten und Königreiche. Verzweifelt wenden sich die Götter an Vishnu, dessen Aufgabe es ist, die Welt in Balance zu halten. Doch selbst er kann nichts tun, weiß jedoch die einzige Lösung: Sie müssen Lakshmi wiederfinden, die im sagenumwobenen Milchozean abgetaucht ist. Götter und Dämonen versammeln sich und beginnen, den Milchozean umzurühren, genauso wie Milch gerührt wird, um Butter zu gewinnen. 1000 Jahre und viele wundersame Geschenke, die aus den Tiefen der Fluten gespült werden, später kommt sie endlich zurück: Lakshmi erscheint aus dem Ozean in einem Lotus sitzend. Ihre goldene Haut leuchtet, die vollen Lippen hat sie zu einem leichten Lächeln geformt und ihre mandelförmigen Augen, von langen Wimpern umrahmt, schauen liebevoll in die Runde. Lakshmis exquisite Schönheit raubt allen Anwesenden den Atem. Als Lakshmi Vishnus Hand nimmt und von ihrem Lotus wieder in die Welt tritt, entbrennt diese in einem Aufblühen. Die Liebe breitet sich wie ein Lauffeuer aus. Sonne und Mond leuchten wieder hell am Firmament. Das Gleichgewicht ist wiederhergestellt.

## Schönheit, Freude und Glück im Tantra

Diese Geschichte verdeutlicht bildlich, was passiert, wenn wir uns nicht erlauben, auch die schönen Seiten des Lebens zu sehen, oder wenn wir durch äußere Umstände, Erlebnisse oder Traumata vergessen, wie schön es sein kann. Die Dunkelheit in uns nimmt dann überhand, und wir bauen Stein für Stein einen festen Turm um uns herum, der uns schützen soll. Gleichzeitig kann so aber nur sehr wenig Licht, Freude und Süße in unseren selbst gebauten Turm eindringen.

Die offensichtlich kraftvollen, schreckenerregenden Göttinnen des Tantra reißen diesen Turm sinnbildlich ein. Kali stößt die Transformation an und sprengt die Mauern, die wir um uns herum gebaut haben. Chinnamasta räumt Stein für Stein die Mauerreste weg. Bhuvaneshvari lässt das Land fruchtbar werden. Lalita Tripura Sundari sät die Samen und bringt sie zum Wachsen. Lakshmi lässt die inneren Landschaften erblühen und erhält diese Schönheit. Sich all die Dinge zu erlauben, die das Leben juicy machen, all die Liebe und Schönheit zu leben, für sich und andere, ohne dabei Leiden in der Welt tatenlos zu negieren, ist eine spirituelle Praxis. Es ist das Annehmen des Geschenks des Lebens.

Tantra ist voll mit dem Annehmen dieses Geschenks, mehr noch: Es sieht die Freude und das Glück als Hauptkräfte des Universums, Ananda Shakti (mit langem »a« am Anfang gesprochen, ganz wichtig, ansonsten würde es »Elend« heißen). In vielen tantrischen Texten ist die Terminologie voll vom Aufblühen, Schwingen, Vibrieren, voll von Freude und Schönheit, die sich entfaltet wie die schönste Lotusblüte:

*»Selbst leuchtend, bringst du alles zum Leuchten*
*Und erfreust dich an deiner eigenen Form.*
*Du erfüllst das Universum mit Freude,*
*trunken in deiner eigenen Seligkeit*
*bringst du die ganze Welt zum Tanzen.«*

Diese Zeilen stammen vom Philosophen Utpaladeva aus seinem Werk Shivastotravali. Sie sind typisch für das, was passiert, wenn wir uns Ananda Shakti überlassen, wenn Shri nicht ein abstraktes Konzept, sondern ein Lebensweg ist. Die Freude, die Sinnlichkeit, die Liebe, die Ästhetik – all das zu negieren, würde in der tantrischen Sichtweise gleichbedeutend sein mit dem Negieren des Universums, von Shiva und Shakti, des Gottes und der Göttin selbst. Das gesamte Universum ist im Tantra angefüllt mit Shri und der Kraft der Kreativität von Shiva und Shakti, die nach dem tantrischen Weltbild die Quelle von jeder Form der Freude sind. Warum? Weil sie der Stoff sind, aus dem alles besteht. Tantra erlaubt daher bewusst die Süße des Lebens, die Verehrung des Lakshmi-Prinzips, und bindet dies in die Praxis ein.

Im Tantraloka findet sich beispielsweise dieser wunderschöne Vers: »Wenn die Ohren mit dem Klang einer süßen Melodie erfüllt sind oder die Nase mit dem Duft von Sandelholz (...), dann verschwindet der Zustand der Gleichgültigkeit, und das Herz wird von einem Zustand der Vibration durchdrungen. Ein solcher Zustand ist eben die sogenannte

Energie der Seligkeit, dank der man mit dem Herzen begabt ist.« Modern übersetzt: Die Freude, das ästhetische Empfinden und die Sinnlichkeit sind Türöffner, um sein Herz, Hrdaya, zu finden, dabei ist Hrdaya der Ort, »an dem alles grundgelegt ist und Ruhe findet«.

Der Zustand, wenn wir diese überbordende Freude angesichts der Schöpfung empfinden, wird Camatkara genannt. Wenn wir dies kultivieren, in uns hegen und pflegen, nicht negieren, sondern aktiv leben, schaffen wir die Basis, um unser Leben in Schönheit zu leben. Es ist ein Leben, das dich nicht von der Erde und deinen Mitmenschen trennt, es ist voller Liebe und Mitgefühl. Es ist ein Leben mit einem Herzen so weit wie ein Scheunentor, in dem alles sein darf und aufgenommen wird. Es ist das Gegenteil von Limitierung, es ist der Reichtum von kostbaren Momenten, tiefen, echten Beziehungen, und es ist die Dankbarkeit, lebendig sein zu dürfen.

### Süße, Freude und Schönheit in herausfordernden Zeiten

Wie soll man aber Pleasure, Schönheit, Fülle, Wohlstand und Freude leben, wenn die Welt, wie man sie kannte, auseinanderbricht? Forscher des rheingold-Instituts haben für das Gefühlsleben seit Corona ein neues Wort kreiert: Melancovid. Die Menschen in Deutschland befinden sich Anfang 2022 laut den Forschern nach den

zwei Jahren Pandemie und angesichts des Kriegs in der Ukraine in Schockstarre. Sie fühlen sich verzagt, mutlos, prophylaktisch werden alle Träume und Wünsche heruntergedimmt. Mit großer Furcht wird in die Zukunft geblickt.

Dabei ist es gerade in herausfordernden Zeiten wichtig, die Werte von Lakshmi, Shri, zu leben. Dinge, die dir Pleasure bringen, geben dir die Kraft, dich so in Fülle zu fühlen, dass du gerade auch in schwierigen Zeiten geben kannst. Offen für Freude zu bleiben, für Schönheit, kann der Lichtstrahl sein, der dich durch dunkle Zeiten führt. Es ist nicht verwerflich, die Freude und das Licht zu suchen, weiterhin zu genießen. Nicht als hedonistische, dekadente Beweihräucherung deiner selbst, sondern als vitale Kraft, als Geschenk, um dieses Leben in Fülle zu leben, zu empfangen und eben auch zu geben. Freude zu erleben ist elementar für dein Überleben, deine Kraft und dein mitfühlendes Handeln. Sie hilft dir, dich selbst so anzufüllen mit Liebe, Mitgefühl, Freude und Schönheit, dass du aus dieser Fülle heraus gestalten und geben kannst.

## ÜBUNG:
## FÜLLE FÜHLEN – DANKBARKEITSLISTE

Als ich heute morgen aufgewacht bin, war das Erste, das ich gefühlt habe, eine Umarmung. Neben dem Bett schnarchte Elmo, und mir wurde »Ich liebe dich« ins Ohr geflüstert. Den Tag konnte ich so gestalten, dass ich frei entscheiden durfte, wann ich schreibe, wann ich für meine Agentur oder House of Grace arbeite. Später am Tag hat mich der kleine Hund wieder zum Lachen gebracht, weil er sich schlicht weigert zu laufen, wenn ihm das Terrain nicht behagt.

Es geht auf der nächsten Seite weiter →

Üblicherweise läuft es so, dass wir uns ein Starr-Duell liefern und schauen, wer zuerst aufgibt und den ersten Schritt auf den anderen zugeht. Es endet in der Regel damit, dass ich zu ihm laufe, ihn auf den Arm nehme und er auf dem Hinweg des Spaziergangs über der Landschaft thront. Auf dem Rückweg ist er vollkommen selbstständig in der Lage zu laufen. Mich amüsiert das jedes Mal. In der Küche habe ich mir zur Mittagszeit einen Schwertkampf mit meinem Freund geliefert, unsere Waffen waren zwei Baguettes. Und gerade jetzt reißt draußen der Himmel auf und die Sonne scheint auf den Gärtner, der das städtische Blumenbeet vor mir pflegt. Gut, es ist eigentlich ein Kreisverkehr, aber vielleicht der Kreisverkehr mit den hübschesten Blumen der Welt. Jedes Mal, wenn ich mein Auto in Richtung Milady Beach hier in Biarritz lenke und das Meer am Horizont auftaucht, macht mein Herz einen Hüpfer. Jedes Mal bin ich erfüllt von der Schönheit des Ortes: Mal spannt sich ein Regenbogen über das Wasser, mal sind die Wellen, auf denen die Surfer gleiten, in ein tiefes Sonnenuntergangsrosa getaucht, während die Pyrenäen im Hintergrund langsam zur Kulisse verblassen. Ich kann komplett im Augenblick sein, wenn ich in ein Tartelette aux Framboises meiner Lieblingsbäckerei beiße. Für all das bin ich unendlich dankbar in meinem Leben. All diese kostbaren Momente, die ich jeden Tag erleben darf, machen mein Leben reich. All das mache ich mir auch immer wieder bewusst: die ganzen Momente der Schönheit, der Liebe, der Freude, der Zärtlichkeit und des Glücks, die jeden Tag auf mich warten. Sich sein Glück, Shri, die Lakshmi-Energie, im Leben immer wieder bewusst zu machen, ist dabei nicht per se eine tantrische Praxis, unterstützt aber das tantrische Lebensgefühl.

Eine Möglichkeit, Shri zu feiern, ist, jeden Tag eine Dankbarkeitsliste zu führen. Ich weiß: Dankbarkeitsliste – so was von lame und hundertmal gehört. Aber es funktioniert. Sogar wissenschaftlich erwiesen: Zahlreiche Forscher und Forscherinnen haben mittlerweile weltweit in vielen Studien nachgewiesen, dass Dankbarkeit gegen leichte bis mittlere Depressionen hilft, die Vitalfunktionen verbessert und die Perspektive unseres auf negative Aspekte und Gefahr getrimmten Gehirns wieder zurechtrückt. Um eine Dankbarkeitsliste

Es geht auf der nächsten Seite weiter

⟶

zu führen, kannst du jeden Tag die Dinge auflisten, die dich glücklich machen. Es ist egal, zu welcher Zeit du deine Liste führst. Das tägliche Aufschreiben hilft dir, all die schönen Dinge in deinem Leben zu sehen, dein Bewusstsein dafür zu schärfen, was alles auf deiner Haben-Liste steht.

Eine weitere Möglichkeit, Dankbarkeit zu kultivieren, besteht darin, sich die Schönheit der Momente, wenn sie passieren, bewusst zu machen. Ganz aufzugehen in Camatkara, dem Zustand des Staunens und Wunderns, und das bei ganz alltäglichen, kleinen Dingen. Die Bewunderung für die Perfektion eines Croissants, die Wärme einer Umarmung, Blumen, die du am Wegesrand siehst, Spinnennetze, in denen Morgentau wie Juwelen glitzert – es gibt so vieles, das uns in Schönheit und Dankbarkeit berührt, wenn wir nur unsere Sinne dafür öffnen. Um dies umzusetzen, instruiere dich direkt nach dem Aufstehen: Heute werde ich den ganzen Tag die Schönheit sehen und dankbar für all das Glück in meinem Leben sein. Stell dir eine Notiz in dein Handy ein, die dich alle drei Stunden erinnert, kurz innezuhalten und Dankbarkeit für die kostbaren Momente des Tages zu fühlen. Nicht als ellenlange Meditation, wobei du das natürlich machen kannst, wenn du magst. Nein, einfach als kleiner Zwischenatmer des Glücks. Ich kann dir versprechen, dass dein Leben dadurch so viel reicher wird.

### Schönheit und Süße, Fülle und Freude empfangen

Eine Sache ist entscheidend, um das Leben als wirklich juicy und wundervoll zu erleben. Du darfst dich jeden Tag neu und bewusst dafür entscheiden, dass dies der kategorische Imperativ deiner Realität ist, und dir erlauben, diese Saftigkeit, die Süße erleben zu dürfen. Das kann manchmal verdammt herausfordernd sein. Ich bin beispielsweise mit einem Arbeitsethos aufgewachsen, das besagt, dass es umso lobenswerter ist, je härter man arbeitet. »Ehrliche, harte Arbeit« – das wurde in meiner Sozialisierung geschätzt. Daran ist per se nichts falsch. Ich habe drei Firmen aufgebaut und bei jeder habe ich die ersten drei Jahre wie irre gearbeitet. Wir haben Zeiten in unserem Leben, in denen wir unsere Basis aufbauen, und das macht Arbeit. Dennoch dürfen wir uns aktiv erlauben, auch die Früchte unserer Arbeit zu ernten und aktiv ins Empfangen zu kommen. Für manche Menschen mag das ganz anders sein, für mich war das lange schwer. Ich belohnte mich zwar insbesondere zu Anfang der PR-Zeit regelmäßig mit Luxuskleidung und -taschen. Gleichzeitig hatte ich deswegen aber immer ein schlechtes Gewissen, und mein Konto war notorisch im Minus. In mir war eine latente Angst, nicht genug zu haben, und die Süße des Lebens war etwas, das ich ausschließlich im Außen erfuhr: der Stolz, eine bestimmte Kleidung zu tragen, als Zeichen dafür, dass ich es geschafft habe und in eine Art Inner Circle aufgenommen wurde. Der Flirt mit einem attraktiven Mann, der mich bestätigte. All das brachte mir ein warmes, angenehmes, zufriedenes Gefühl, das aber gleichzeitig so schnell schmolz wie Butter in einer heißen Pfanne. Danach bekam ich immer eine Art Hangover des schlechten Gewissens, was natürlich logisch ist: Ich habe die kurzfristige Befriedigung des Konsums gewählt, nicht ein tiefes Eintauchen in die Schönheit, in das, was wirklich zählt. Bewusster Konsum kann selbstverständlich Spaß machen. Aber wenn der schnelle Konsum von Begegnungen, Sex, Nahrung und Gegenständen dazu genutzt wird, ein Mangelgefühl zu überdecken, übertüncht er nur oberflächlich wie das schlechte Make-up, das wir als 14-Jährige viel zu dick auf unsere Haut aufgetragen haben.

## Geld, Mangel und Konsum

Wo wir von Teenagern sprechen: Ich habe schon seit der Kindheit das Gefühl, es gäbe nicht genug. Nicht genug Geld, nicht genug Sicherheit, nicht genug Liebe. Ich habe den Eindruck, dass ich damit nicht allein dastehe. Obwohl wir in einer Überflussgesellschaft leben, sind wir häufig in einem Gefühl von Mangel gefangen. Untrennbar damit verbunden sind auch das Geldverdienen und -behalten sowie das Festlegen des Werts der eigenen Arbeit.

Ich kann dir verraten: Geld ist eine der letzten Bastionen meiner alten Verhaltensweisen. Ich bin aber mehr denn je bereit, sie einstürzen zu lassen. Egal, wie viel ich in meinem Leben verdient habe – und es gab Zeiten, in denen ich eine Seychellen-Luxusreise für zwei ohne Probleme vom laufenden Gehalt zahlen konnte –, ich war immer im Minus. Mehr noch: Ich schaffte es sogar, Schulden anzuhäufen. Einer meiner beliebtesten Sprüche war: »Ich kann mir das zwar nicht leisten, aber darauf kann ich jetzt keine Rücksicht nehmen.« Das Geld floss zwar hinein, aber in Unmengen auch wieder hinaus. Rechnungen und Mahnungen ließ ich ewig lange liegen, meine Finanzen waren ein einziges Chaos. Dann kam die Selbstständigkeit mit meinem Feminine-Awakening-, Yoga- und Tantra-Business. Ich habe unglaublich viel Geld in Ausbildungen und Workshops investiert, zum Anfang der Selbstständigkeit neben meinem

40-Stunden-Job in der Agentur fünf Yogastunden die Woche unterrichtet und überhaupt jede Stunde, die ich bekommen konnte. Mit den Jahren kam dann mehr und mehr der Erfolg, ich durfte Workshops in den größten Yogastudios in ganz Deutschland halten, unterrichtete auf Konferenzen, sogar in China, und mit dem Umstellen auf Onlineangebote musste ein ganzes Buchungs- und Shopsystem her. Aber auch hier das Gleiche: Das Geld floss hinein und wieder hinaus. Ich beschloss, dass dies aufhören musste. Ich zwang mich, meine Finanzen besser in den Griff zu bekommen, Schulden abzubezahlen, Vorauszahlungen zu leisten und meine Einnahmen und Ausgaben besser zu tracken. Das ist immer noch verbesserungswürdig, aber zumindest ist ein Anfang gemacht.

### Sich den Wert der eigenen Arbeit bewusst machen

Mit dem eigenen Buchungssystem und Onlineangebot kam aber die nächste Herausforderung, vor der ich immer noch stehe: die Frage »Wie viel ist meine Arbeit wert?«. Ich tappte dabei immer wieder in die Falle zu denken, dass Angebote von mir zu teuer sind oder zu hoch angesetzt. Dahinter steckte der sabotierende Gedanke, dass meine Leistung das Geld ja eigentlich nicht wert ist, und vor lauter schlechtem Gewissen schoss ich bisher direkt ein kostenfreies Angebot nach. Mit dem Ergebnis, dass sehr viele Menschen die kostenfreien Angebote buchten, aber wenige dann tatsächlich einen Kurs von mir belegten. Die Umsätze gingen nach unten, ich war enttäuscht und demotiviert. Aber sehen wir uns die Sache genauer an: Meine Preise liegen nicht einmal am oberen Spektrum der Marktpreise. Was hinter der ganzen Chose steckt, ist, zu akzeptieren, dass mein Wissen und meine Arbeit tatsächlich etwas wert sind. Etwas, das ich bei meinen Teilnehmerinnen oder in Einzelberatungen ebenfalls beobachte und das sich gesamtgesellschaftlich als Gender-Pay-Gap manifestiert.

### Respekt und Wertschätzung gegenüber Arbeit und Geld

Die Praxis mit Lakshmi hilft mir hier aktiv, mein Verhalten und meine Einstellungen zu ändern. Mit Lakshmi ist auch materieller Wohlstand und die tiefe Überzeugung verbunden, dass man im Inneren gut und wertvoll ist. Beides hängt zusammen: Denkst du von dir, bewusst oder unbewusst, dass du in einem Bereich wenig wertvoll bist, fällt es dir schwerer, dafür einzustehen und diesen auch glaubhaft zu transportieren. Andere Menschen spüren das, im Sinne von »Irgendetwas ist hier nicht koscher«.

Bei der Lakshmi-Praxis geht es nicht darum, Millionärin zu werden, obwohl du das natürlich als Ziel haben kannst. Es geht darum, seine materielle Umwelt, sein Zuhause, seine Finanzen, Vorsorge et cetera im Griff zu haben und für sich selbst sorgen zu können. Wenn ich in einer Schleife des Mangels feststecke, hilft es mir, mich daran zu erinnern, wie gern ich die Dinge tue, die ich anbiete. Wie überzeugt ich von dem bin, was ich weitergebe. Ich erinnere mich an mein Seelenmanifest und dass ich nur Dinge mache, zu denen ich zu 100 Prozent stehe. Das gibt mir eine neue Energie, ein anderes Auftreten. Natürlich kann es dann passieren, dass trotz der Energie ein Kurs oder Workshop einmal nicht läuft. Aber ich habe meine Wertvorstellung in mir korrigiert. Ein Angebot, das nicht funktioniert, lehrt mich außerdem noch viel mehr, denn ein Scheitern gibt es in meinen Augen nicht. Du hast entweder Erfolg oder eine fantastische Möglichkeit zu lernen, und das kann sogar richtig Spaß machen! Instagram habe ich damals gestartet, weil man mir sagte, ich muss als Yogalehrerin Social Media machen, sonst würde es nie laufen. Durch Instagram habe ich großartige Freundinnen gewonnen und einen Buchvertrag bei meinem Traumverlag bekommen. Und außerdem bin ich über Instagram mit vielen wunderbaren Frauen täglich in Kontakt.

Wir vergessen den Bereich Geld und Finanzen häufig, wenn es um unsere persönliche Entwicklung geht. Aber für sich einzustehen, selbstbestimmt zu leben, bedeutet auch, für sich selbst materiell sorgen zu können. Ein erster Schritt zu einem selbstbestimmten Umgang mit Finanzen ist die Auseinandersetzung mit deinen Vikalpas, deinen Gedankenkonstrukten in puncto Geld. Coach Sara Wragge hatte dazu für mich folgende Tipps, die vielleicht auch für dich funktionieren: »Niemand wird kommen und dir die Berechtigung erteilen, deinen Wert zu vertreten. Niemand formuliert deine Preise oder spricht endlich mit der Führungsebene, um deine wohlverdiente Gehaltserhöhung durchzusetzen. Deinen Wert definiert allein eine Person. Und die bist du. Übernimm die Verantwortung für dich. Was würdest du dir für dich wünschen? Welche Konditionierungen hast du in der Kindheit erfahren? Wie ist Geld für dich besetzt? Was bedeutet Geld für dich heute? Anschließend frage dich: Welchen Wert könnten dein Wirken und deine Hingabe, deine begrenzte Lebenszeit, dein aufrichtiger Wunsch, die Welt besser zu machen, und der Fleiß dahinter wert sein?« Das bedeutet jetzt nicht, dass du in der Selbstständigkeit alles superteuer machen oder auf einmal ein astronomisches Gehalt fordern musst. Aber es bedeutet, dass du deine Arbeit neu betrachtest und ihr mit größerem Respekt und mehr Wertschätzung nachgehst. Die Beschäftigung mit Lakshmi fordert dich auf, Respekt und Wertschätzung gegenüber Geld und deiner Arbeit zu entwickeln. Damit du dieses Gefühl der Wertschätzung weiterkultivieren kannst, habe ich eine meiner absoluten Lieblingsübungen für dich.

## ÜBUNG:
## BECOMING LAKSHMI

Du hast im vorigen Kapitel Göttinnen-Dhyana gelernt, das Visualisieren von Göttinnen oder das Fühlen ihrer Energie und der Attribute, wenn dir das mehr behagt. In dieser Übung gehen wir einen Schritt weiter: Um Lakshmi und das Prinzip von Shri zu ehren, werden wir zu Lakshmi. Auch hier gilt natürlich: Wenn du keine Göttinnenbilder magst, tauche einfach nur ganz in die Energie der Charakteristika ein. Um diese Übung zu starten, benötigst du keinen speziellen Meditationssitz oder eine bestimmte äußere Haltung.

Werde innerlich ganz still, bereit und offen. Gern kannst du auch die Augen schließen.

Dann stell dir vor, wie Lakshmi dir gegenübersitzt. Eine Göttin, die in ihrer Schönheit symmetrisch, wohlproportioniert und absolut perfekt ist. Die Haut leuchtet golden. Die langen Haare fließen ihr in Wellen über die Schultern, die vollen Brüste sind von einem Sari bedeckt. Aus ihren mandelförmigen Augen sieht sie dich liebevoll an, so, als blickte die Liebe selbst dich gerade an.

Empfange dieses warme Gefühl und lass es durch deinen Körper fließen. Mit einem Lächeln erhebt sich Lakshmi und geht in anmutigen Bewegungen auf dich zu. Ihre Hand berührt segnend deine Stirn, und mit der Berührung fühlst du alles, was Lakshmi ausmacht: die Aufrichtigkeit, die Liebe, das Mitgefühl, den Wohlstand, die Fülle, die Ordnung und die Fruchtbarkeit. Du fühlst dich durchtränkt von dem Segen Lakshmis, ja du fühlst dich wie Lakshmi selbst.

Öffne die Augen und mache weiter mit deinem Tagesablauf, aber mit einem feinen Unterschied: Segne alles, was du siehst und berührst.

Es geht auf der nächsten Seite weiter →

Stell dir vor, alles, was du mit deinen Händen berührst, blüht auf, die Füße, die auf der Erde schreiten, lassen diese fruchtbar werden, ein Blick von dir auf einen anderen Menschen lässt dich ihn oder sie segnen.

Dazu kannst du auch bewusst sagen: Ich segne dich. Praktiziere dies, solange du möchtest, bis zum Schlafengehen oder nur eine Minute. Wichtig ist nur, dass du zum Ende der Praxis Lakshmi oder die Energie, die du gefühlt hast, mit Dankesworten aus dir verabschiedest.

Ich liebe diese Übung besonders, weil du sie bei ganz alltäglichen Dingen anwenden kannst: wenn du einkaufen gehst, deinen Hund Gassi führst, wenn du beim Abendessen bist, mit einer Freundin zusammen – ja selbst wenn du zur Toilette gehst. Dann segnest du eben das Klo. Das Zauberhafte daran ist, dass jedes Segnen auch etwas mit dir macht: Es rührt dein Herz, weil du bedingungslos den Wert der Schöpfung siehst.

### Raum, um Fülle und Inspiration einzuladen

Bedingungslos jeden zu segnen, hat etwas sehr Rechtschaffenes, wofür Lakshmi ebenfalls steht. Du kannst nur großzügig sein, wenn du in dir eine Klarheit und Aufgeräumtheit besitzt. Du hast schon begonnen, dein Inneres großartig aufzuräumen, aber wie sieht es in deinem Zuhause aus?

Für mich persönlich ist Unordnung mein großer Schwachpunkt. Insbesondere in stressigen Zeiten habe ich das Gefühl, dass ich nur begrenzt Aufnahmekapazität in meinem Gehirn habe. Wenn ich nicht höllisch aufpasse, verlege ich ständig meine Schlüssel oder verliere etwas anderes. Anfang dieses Jahres ging es beispielsweise wild zu. In meinen beiden Jobs passierten viele Dinge gleichzeitig, dazu schrieb ich noch das Buch. Um abzuschalten, besuchte ich eine Yogastunde und gönnte mir danach einen Einkauf in Les Halles, den Markthallen in Biarritz. Dort musste es passiert sein: Ich habe anscheinend mein Portemonnaie gedankenversunken so achtlos in meine Sporttasche gesteckt, dass es herausgefallen oder leicht zu stehlen gewesen war. Irgendwo da draußen läuft jetzt jedenfalls jemand mit einem original Louis-Vuitton-Portemonnaie von 2006, einem Führerschein mit dem vielleicht fragwürdigsten Foto der Welt und einer deutschen Ikea-Family-Card herum. Fakt ist: Meine Umgebung spiegelt mein Innenleben und umgekehrt. Wenn ich Klarheit und Struktur geschaffen habe, ermöglicht dies mir auch, innere Ordnung zu fühlen, meine Gedanken, Aufgaben und Emotionen zu sortieren und ihnen adäquat zu begegnen.

### Radikal ausmisten

Die ganze wechselseitige Abhängigkeit von Klarheit und Ordnung wurde mir bewusst, als ich radikal ausmisten musste. Mit dem Entschluss, nach Frankreich zu gehen, war für mich schnell klar, dass ich mich auch von fast allem trennen würde, was ich besaß. Ich hatte nur zweieinhalb Monate Zeit für den Verkauf und sortierte radikal aus. Fast täglich klingelte jemand, um etwas abzuholen. Interessant war der Prozess, wie sehr ich am Anfang noch an den Dingen hing. Ich setzte den Preis extrem hoch an bei Stücken, die mir besonders ans Herz gewachsen waren: dem Beistelltisch, der aus einem Stück eines Dolmens des Hamburger Hafens herausgeschnitten war. Meinem Lieblings-Loveseat-Sessel, auf dem ich immer las und auf dem meine verstorbene Mini so gern gelegen hatte, weil sie dann alles im Blick gehabt hatte. Meinem himmlisch bequemen Prinzessinnenbett mit einer Matratze, die sich wie eine Wolke anfühlte.

Je mehr sich die Abreise näherte, desto radikaler wurde ich: Es musste schließlich alles raus. Am Anfang war der Prozess des Loslassens noch schmerzhaft. Eine Wehmut, die an den ganzen Erinnerungen, an den Kleidern, den Kissen, dem Sessel, den Lampen hing. Mit der immer leerer werdenden Wohnung wurde jedoch auch die Wehmut weniger. Dafür trat etwas Neues ein: Raum. Ich hatte das Gefühl, dass ich, je mehr ich mich von den Dingen verabschiedete, umso mehr Platz für meine Neudefinition des Lebens, für Glück und Zufriedenheit, schuf. Es ist nicht so, dass mein Besitz mich unglücklich machte, ganz und gar nicht. Das radikale Verabschieden war für mich aber tatsächlich eine unerwartete und schöne Erfahrung, weil sich die Seele ausbreitet, wenn wir ihr Raum zur Entfaltung bieten. Ich verstehe jetzt tatsächlich, warum Nonnen und Mönchen so spärliche Zimmer und wenig Besitz haben: Es entsteht eine freie Leichtigkeit, wenn man mit nur kleinem Gepäck durch das Leben reist.

## ÜBUNG:
## ORDNUNG ALS SPIRITUELLE PRAXIS

Keine Angst: Ich fordere dich jetzt nicht auf, deinen Hausstand aufzulösen. Ich möchte dich aber bitten, als spirituelle Praxis auszuprobieren, wie es ist, wenn du dich von Sachen trennst und du Ordnung in deine Wohnung, dein Zimmer oder dein Haus bringst. Probiere, eine Woche lang dein Zuhause so ordentlich wie möglich zu halten. Trenne dich von Kleidungsstücken, die du jahrelang nicht mehr getragen hast. Räum die Ecken auf, in denen sich gefühlt alles ansammelt, und bring Struktur hinein. Leg deine Rechnungen ab und bezahle sie, schaffe Ordnung in deinen Finanzen. Wenn du alles in Ordnung gebracht hast, schaffe Schönheit und Symmetrie, sodass du dich einfach freust, in jede Ecke deines Zuhauses zu schauen.

Von Nicki Eser, einer modernen Schamanin und Feng-Shui-Expertin aus München, bekam ich folgende Tipps, als ich meine Wohnung umgestaltete: »Wenn du dir eine Liebesbeziehung wünschst, stell paarweise Pflanzen auf und bereite die Wohnung so vor, dass sich auch ein potenzieller Partner oder eine potenzielle Partnerin darin wohlfühlen würde. In deiner Wohnung sollte sich zudem nicht nur das weibliche Prinzip, sondern auch das männliche finden. Halte die Fenster sauber, sodass das Glück hereinkommen kann, und gestalte den Eingang einladend, mit frischen Blumen und Aufgeräumtheit.«

Wenn du dich wohl damit fühlst, kannst du deine Wohnung auch räuchern, eine Praxis, die mir mein tantrischer Lehrer nahegelegt hat, als ich sehr viel praktiziert habe. In dieser Zeit sind einige seltsame Sachen in meiner Wohnung passiert: Beispielsweise haben sich elektrische Geräte eingeschaltet, obwohl sie nicht ans Stromnetz angeschlossen waren. Ich möchte das gar nicht weiter vertiefen, aber wenn du dich für eine energetische Räucher-Hausreinigung interessierst, habe ich dir hier aufgeschrieben, was ich gern mache.

## ÜBUNG:
## TANTRISCHE WOHNUNGSREINIGUNG

Der erste Schritt ist immer die tatsächliche Reinigung deines Zuhauses. Um dann energetisch zu reinigen, räucherst du entgegen dem Uhrzeigersinn. Dazu kannst du beispielsweise Weißen Salbei nutzen oder Kampfer. Etwas, das reinigt und gleichzeitig positiv wirkt, ist Florida Water, eine Mischung aus verschiedenen Ölen, die in Wasser und Alkohol gelöst sind, und die traditionell im Voodoo verwendet wird. Ich persönlich mache nach dem Räuchern die Fenster auf, klatsche in die Ecken und klingle auch noch einmal mit einer Glocke aus Bali, um alles zu vertreiben. Ich weiß: Es sieht ziemlich danach aus, als hätte ich einen an der Murmel, wenn ich das alles mache. Aber hey, ich liebe es und es tut mir gut. Warum also nicht? Um positive Energien einzuladen, kannst du anschließend mit Sandelholz, Palo Santo, Weihrauch, Zedernholz oder Florida Water im Uhrzeigersinn den Raum räuchern oder den Duft versprühen.

Es geht auf der nächsten Seite weiter

Mein Lehrer Dharmabodhi Kolbjorn Martens hatte mir damals eine etwas aufwendigere Räucherung empfohlen: In der ersten und zweiten Woche nutzt du Zedernholz oder Wacholder, um den Raum von Wesen wie Geistern zu reinigen, in Woche drei und vier Weihrauch und Myrrhe, um das Haus von Halbgöttern zu befreien, und in Woche fünf lädst du mit Räucherwerk wie Sandel- oder Ahornholz Wesen ein, die dich auf deinem spirituellen Weg unterstützen. Rituale wie dieses sind etwas, das mich sofort am Tantra angesprochen hat. Genauer gesagt die Kombination aus der heute noch modernen, herausfordernden Philosophie und den alten Ritualen.

Eine weitere tantrische Praxis, um den Meditationsraum zu klären, wurde mir von meinem Lehrer Christopher Wallis gezeigt. Dazu muss man wissen, dass wir im Tantra davon ausgehen, dass der Platz, an dem du meditierst, so anziehend für alle Wesenheiten ist, dass sie sich liebend gern dort aufhalten. Aber selbst wenn du ein echt geselliger Mensch bist, sollte dies der Ort sein, an dem du in deine Praxis eintauchen kannst und nichts in dich. Für das Ritual brauchst du nur eine Blüte und das Mantra Om Sah Astraya Phat (ausgesprochen wird es »Om Sah Astraja Pat«). Du stellst dich dazu vor deine Matte, rufst das Mantra in die Blüte – dabei ist das »Phat« am lautesten – und wirfst die Blüte direkt auf deinen Praxisplatz. Danach kannst du die Blüte gern draußen entsorgen; wenn das nicht geht, gib sie in den Hausmüll. Allerdings solltest du sie direkt entfernen und nicht liegen lassen.

### Raum, um Neues einzuladen

Auch wenn wir jetzt nur zur Zwischenmiete in einer bereits möblierten Wohnung leben, versuche ich, das Aufräumen zu beherzigen, und natürlich ist auch hier alles energetisch gereinigt. Den fast übermächtigen Kitsch in der Wohnung habe ich weitgehend wegsortiert, die insgesamt 16 Stühle und drei Sofas so platziert, dass in dem gegebenen Rahmen zumindest ein bisschen Raum und Luftigkeit entsteht.

Mein Lieblingsraum ist mein Arbeitszimmer. Neben meinem Altar, zu dem ich kurzerhand den Couchtisch umfunktioniert habe, ist eine Wand geschmückt mit meinen Bildern, die meine Desires für dieses Jahr zeigen, auch Vision Board genannt. Genau wie du es im Lalita-Kapitel getan hast, habe ich diese klar benannt und ihnen auch eine

Bildform gegeben. Alles in meinem Zimmer ist an seinem Platz, und der ganze Raum hat eine ungeheuer wohltuende, ruhige Ausstrahlung. Wenn du Ordnung und Raum schaffst, ziehst du damit den Sagen nach auch Lakshmi an, die Ordnung liebt. Ich habe vor einiger Zeit bei einem Seminar die Geschichte von Eheleuten gehört, die so glühende Lakshmi-Verehrer waren, dass sich die Göttin der Legende nach entschloss, die beiden zu belohnen. Sie schritt durch das Zuhause des Paars, doch alles war unordentlich und vollgestellt. Lakshmi fand keinen Platz für ihre zahlreichen Geschenke und musste sie wieder mitnehmen. Doch Lakshmi wäre nicht Lakshmi, wenn sie gar kein Geschenk hinterlassen würde, und so berührte sie den Herd, der sich daraufhin zu purem Gold verwandelte. Ich erzähle mir die Geschichte immer wieder selbst, wenn ich einen Extraschub Motivation in Sachen Aufräumen brauche. Denn ich kenne die Belohnung: Habe ich wieder Klarheit geschaffen, kommen Inspiration, Wohlbefinden und Zufriedenheit.

## Shringara, die Liebe, und wie wir urteilen

Lakshmi ist wie Lalita eine Liebesgöttin. Wenn du dich entschließt, mit Lakshmi zu praktizieren und sie in dein Leben zu lassen, entscheidest du dich für die Liebe. Lakshmi steht für die tiefe romantische Liebe und einen liebevollen Umgang mit deinen Mitmenschen. Im Tantra haben die verschiedenen Emotionen – Mut, Angst oder auch Ekel – entsprechende Sanskritnamen und eine dazugehörige Praxis. Liebe ist Shringara. In der eigentlichen Praxis darfst du keine der »Feindesemotionen« von Liebe wie Wut oder Ekel fühlen und solltest stattdessen für mindestens ein Jahr immer achtsam, liebevolle Worte und Gedanken finden sowie immer achtsam, gütig, gerecht und liebevoll handeln. Ein sehr schöner Ansatz, aber für dich vielleicht ad hoc noch nicht umsetzbar. Etwas, das du aber sofort umsetzen kannst, ist die Betrachtung deiner Urteile über andere. Insbesondere unter Frauen ist das Verurteilen ausgeprägt und in Zeiten von Social Media die Be- und Verurteilung anderer vielleicht so stark wie nie zuvor. Das alles trennt uns und schürt das Gegenteil von Liebe. Aus eigener Erfahrung weiß ich, dass das, was uns an anderen Menschen oder insbesondere anderen Frauen triggert, immer auch ein Thema für uns selbst ist.

### Tiefer graben

Ich kann mich gut an eine Teilnehmerin aus meiner allerersten Yogaausbildung erinnern: Groß und blond, mit einem Stringbody und durchsichtigen Leggins stapfte sie in den Raum. Sie war etwa Ende 40, Anfang 50, verhielt sich aber wie ein kleines, kokettes Mädchen. Ich muss zugeben: Ich fand alles an ihr doof. Als sie mir dann bei einer Übung zugewiesen wurde, in der wir uns als Zeichen der Wertschätzung gegenseitig die Füße massieren sollten, wollte ich streiken – und hielt inne. Warum war ich ihr gegenüber eigentlich so hart und ablehnend? Die Wahrheit war, dass sie mich an die Zeit erinnerte, in der mein ganzes Sein darauf ausgerichtet war, dass Männer mich attraktiv fanden. Diese Zeit, in der ich auf kleines Mädchen machte, verabscheute ich zutiefst und ich hatte mich damals natürlich noch nicht in der Tiefe damit befasst. Aber mir wurde dennoch klar, dass ich hier eigentlich meine Vergangenheit hasste, nicht meine Mitschülerin. Ich beschloss, so viel Liebe und Fürsorge in die Massage zu geben wie möglich. Meine Ausbildungskollegin schrieb mir danach einen rührenden Brief, wie sehr sie sich gesehen und umsorgt gefühlt hatte, etwas, das sie lange nicht gefühlt hatte. In dieser Sekunde hatte ich mich dafür entschieden, Liebe zu sehen, so entstand durch die achtsame, liebevolle Begegnung echte Nähe zwischen zwei Menschen, zwischen denen es sonst keine Verbindung gegeben hätte.

## **ÜBUNG:**
## JUDGEMENT DAY

Um liebevollere Worte und Gedanken für uns und andere zu finden, hältst du für eine Woche zunächst fest, was und wie du urteilst, und zwar über dich und andere. Spare hier nichts aus. Ich habe beispielsweise eine Zeit lang in meinem Kopf jeder Frau, die ich gesehen habe, ein Makeover verpasst: Ich habe sofort analysiert, was sie in meinen Augen schöner machen würde und was dafür nötig wäre. Inklusive Adressen und einem groben Kostenvoranschlag. Ich weiß, das ist verrückt! Aber damals war ich selbst so fokussiert darauf, mich zu optimieren, dass es auch mein Fokus bei der Betrachtung anderer war. Im zweiten Schritt sieh dir die Gedanken und Urteile an. Entschließe dich bewusst, diese in Liebe umzuwandeln. Was hast du Schönes in den bewerteten Personen oder Situationen gesehen? Kannst du dein Herz für diese Person öffnen? Wenn wir dies aktiv praktizieren, überwinden wir gleich eine der drei Limitierungen, eine der Malas im Tantra: Mayiya Mala.

## DIE DREI MALAS

Die drei Malas bezeichnen im Tantra die »Unreinheiten«, die Limitierungen, die wir Menschen erfahren:

***Anava Mala*** ist der Glaube, nicht vollständig oder nicht gut zu sein.

***Mayiya Mala*** ist der Glaube, getrennt von anderen zu existieren.

***Karma Mala*** sind die Handlungen, die aus den ersten beiden Limitierungen entstehen.

Mayiya Mala ist der Glaube, du seist eine singuläre Einheit, tatsächlich aber stehen wir alle in Beziehung zueinander. Du kannst nicht ohne andere Menschen existieren. Was sind also deine Werte, die deinen Umgang mit anderen Menschen bestimmen sollen?

### Geben aus vollem Herzen

Kennst du das auch? Häufig geben wir und wollen dafür auch irgendwie gefeiert werden. Ein schönes Beispiel dafür hat Tommi Schmitt in meinem Lieblings-Podcast »Gemischtes Hack« reflektiert: Weil er etwas Gutes tun wollte, brachte er einem Obdachlosen im Winter ungefragt einen Kaffee mit. Der Obdachlose guckte in den Kaffee und sagte dann: »Nee, danke, ich trinke nur Cappuccino.« In der Folge gibt Tommi zu, dass er davon kalt erwischt wurde und nicht nur »Luxuspenner« gedacht hat, sondern sich auch um das warme Gefühl, das beim Helfen entsteht, betrogen fühlte.

Ich kenne diesen Erwartungsmechanismus von mir auch. In meiner Studienzeit, zwischen Abgabe der Magisterarbeit und Examen, habe ich für das Abebech Gobena Orphanage, ein Waisenhaus in Äthiopien, Spenden gesammelt und diese persönlich nach Addis Abeba gebracht. Zuvor hatte ich in meiner Magisterarbeit untersucht, wie sich soziale Projekte der Lufthansa auf den Zusammenhalt des fliegenden und nicht fliegenden Personals auswirken. Dabei hatte ich das Waisenhaus und einen Piloten kennengelernt, der mir anbot, für einen internen Sonderpreis mit ihm nach Äthiopien zu fliegen. Ich stürzte mich in die Aufgabe, organisierte Geld- und Sachspenden sowie Pressetermine, um meine Aktion öffentlich zu machen. Ich war glücklich, dass einiges an Spenden zusammenkam, und die Tage in Äthiopien werde ich nie vergessen. Gleichzeitig bekam ich viel Bewunderung dafür. Ganz ehrlich: Ich sonnte mich in dieser Zeit auch ein bisschen in meinem Gutmenschen-Tun. Meine Handlungen waren zwar sozial, hatten aber durchaus einen Touch von »Schaut her, wie gut und edel ich bin«.

**ÜBUNG:**
RANDOM ACTS OF KINDNESS

In dieser Übung möchte ich diesem Mechanismus bewusst entgegenwirken und dir als Aufgabe geben, Menschen von Herzen mit kleinen Handlungen zu beschenken. Das kann unterschiedliche Formen annehmen: Spende anonym, schreibe einer Freundin einen Brief oder gib ihr ein kleines Geschenk. Mach der Verkäuferin an der Kasse ein Kompliment. Bezahle einfach den Kaffee mit für denjenigen oder diejenige, der oder die nach dir kommt. Wie bei der Lakshmi-Übung schwebst du wie Lakshmi durch die Welt und machst mit deinen Taten für andere Menschen den Tag ein bisschen schöner. Du bringst aktiv Licht in diese Welt.

Um Lakshmi zu ehren, kannst du freitags ein kleines Ritual abhalten. Im Tantra sind den Göttinnen bestimmte Wochentage, Farben, Himmelsrichtungen, teils auch Mondphasen, Planeten, Opfergaben et cetera zugeordnet. Lakshmis Planet etwa ist die Venus, ihr Tag ist der Freitag. Sie mag gern alles, was glitzert, Münzen oder Schmuck beispielsweise, aber auch Blumen und Lampen oder Kerzen, die ihr zu Ehren angezündet werden. Sie ist mit allen fließenden Gewässern assoziiert und sie mag es, wenn du ihr Mantra rezitierst. Um Lakshmi zu ehren, kannst du einen Altar aufbauen, der für dich ein Ort des Sammelns und der Kontemplation von Lakshmi ist. Dazu brauchst du nur ein Lakshmi-Bild oder eine -Statue. Diese kannst du mit Blumen und deinem Schmuck schmücken, Geld dazulegen, ein Glas Wasser dazustellen und dann alles hübsch arrangieren.

## ÜBUNG:
## LAKSHMI-RITUAL

Setze dich freitags bewusst vor den Altar, achte dabei darauf, dass deine Füße nicht zum Altar zeigen.

Denke an das, was du diese Woche empfangen und was du diese Woche gegeben hast. Was hat dich besonders gefreut? Was war ein besonders schöner Moment? Wann hast du dich geliebt gefühlt? Wann erfüllt?

Danke Lakshmi für all diese Erfahrungen und zünde eine Kerze sowie ein Sandelholzräucherstäbchen an. Lege frische Blüten neben deine Statue oder auf den Altar und halte dabei das Gefühl von Dankbarkeit.

Es geht auf der nächsten Seite weiter

Was möchtest du in den nächsten sieben Tagen empfangen und geben? Wie fühlst du dich, wenn du es bekommst oder gibst?

Bitte Lakshmi um ihre Unterstützung und chante 108-mal ihr zu Ehren das Mantra Om Shrim Maha Lakshmiyei Namah (gesprochen »Om schriem maha lakschmijej namah«).

Beende das Ritual mit einer Verneigung.

Wenn du nicht mit Lakshmi als Göttin praktizieren möchtest, kannst du den Altar einfach für dich als Ort der Dankbarkeitskontemplation und des Wahrnehmens der Fülle in deinem Leben gestalten.

### Die Wahrheit akzeptieren: Du bist fundamental gut und liebenswert

Die transformative Reise, die mit Kali beginnt und hier mit Lakshmi endet, ist eine Reise, die dich mit all den Übungen, Ansätzen und Gedankenimpulsen zu einer Wahrheit führen soll: Du bist fundamental richtig in deinem Sein. Das ist Lakshmis Energie und der Kern, der in uns allen schlummert. Du bist unglaublich liebenswürdig und gut. Die Welt braucht dich und dein einzigartiges Talent, du zu sein. Das erste Mala, Anava Mala, also der Glaube, dass mit einem irgendetwas nicht stimmt, ist die Wurzel der Selbstlimitierungen im Tantra. Aber in diesem Weltbild gibt es dich, weil Shiva und Shakti aus Liebe beschlossen haben, du zu werden. Damit du du selbst sein kannst, haben sie es dich vergessen lassen, dass du Teil von etwas lebendigem Großen bist.

Das Gefühl, dass irgendetwas in uns nicht komplett und ganz ist, ist Tausende von Jahren alt und wurde von indischen Philosophen des Tantra genauso beschrieben wie heute von Social-Media-Influencerinnen. Dieses Gefühl lässt dich suchen, erst im Außen, dann im Innen. Wenn du den Weg nach innen angetreten hast, ist dies der Antrieb, deine Natur zu erforschen, in Verbindung zu treten, etwas Großes durch dich durchfließen zu lassen.

Und dann erkennst du es. Nach all den Übungen, den Jahren der Praxis oder manchmal auch einfach nur innerhalb eines Tages: Du bist einzigartig. Du hast es jeden Tag aufs Neue in der Hand, Liebe mit deiner Realität und dem Universum zu machen. Du kannst deine innere Stärke, dein großes Herz, deine Sinnlichkeit, deine Sexiness, deine Kreativität und deine Weisheit einsetzen, um genau jetzt diesen Tag, diese Minute, diese Sekunde zu etwas Besonderem zu machen. Nichts an dir ist falsch, und all die Fuck-ups in deinem Leben sind großartige Chancen zu lernen. Du mutiges Herz. Du einzigartige, schöne, strahlende Frau – du bist fundamental liebenswert. Und jetzt lies dir diese Zeilen laut vor:

*Ich bin fundamental gut und liebenswert. Nichts wird mich mehr abhalten zu leuchten, nichts mich dazu verleiten, mein Strahlen zu dimmen. Ich entscheide mich jetzt bewusst dafür, Verantwortung für meinen inneren Zustand zu übernehmen, ich entscheide mich dafür, im Flow mit dem zu sein, was das Leben mir bringt.*
*Ich entscheide mich heute und jeden Tag aufs Neue für mein mutiges Herz.*